35세, 1억으로 내 아파트갖기

부동산 규제 시대 내 집 마련 가이드

35세, 1억으로
내 아파트 갖기

정석우 지음

매일경제신문사

'갚을 수 있으면 빌려서 사도 좋다'는 액셀러레이터와, '갚을 수 있는 범위에서 빌려야 한다'는 브레이크가 모두 장착된 실수요자 주택담보대출 지침서.

김성진 금융위원회 은행과 사무관(공인중개사)

경제·금융 기자의 해박한 지식과 식견, 그리고 자금조달 및 리스크관리 기법 등이 생생하게 녹아 있는 내 집 마련을 위한 실용서.

양현근 한국증권금융 부사장(시인)

생활인의 집 장만 실전경험과 경제금융기자의 필력으로 실수요자의 막연한 두려움을 없애줄 내 집 마련 셰르파.

박정림 KB금융그룹 WM총괄 부사장

젊은 세대의 '내 집 마련' 꿈을 현실화시키는 실용 지침서이자, '좋은 규제'를 설계하는 당국자가 읽어봐야 할 규제 해설서.

김영기 전 금융감독원 은행부문 부원장보

주택구입에 관한 경제적인 접근은 물론이고, 해박한 법률지식에 기반한 리스크 분석이 생생하게 녹아들어 있는 '빚 내서 집 사기' 입문서.

범현 법무법인 태평양 파트너변호사

자산 형성이 절실한 젊은 세대부터 가계부채 문제를 다루는 정책 결정자들까지 꼭 읽어봐야 할 책.

인민호 공정거래위원회 소비자안전정보과장

내 집 마련은 평생의 중요한 일인데도 시장이 어떻게 돌아가는지 잘 모르는 상태에서 무작정 부딪히기 일쑤인데, 그러한 점에서 엄청난 도움을 줄 수 있는 책. **최승모** 워싱턴주립대 비상근교수

흙수저 기자가 체험을 통해 얻은, 객관적이면서도 따뜻한 조언.

박연주 미래에셋대우증권 애널리스트

내 집은 갖고 싶은데 월급은 빤한 당신. 전세금은 오르는데 은행 대출은 왠지 겁나는 당신. 그렇다면 이 책을 꼭 봐야 한다.

이한길 JTBC 탐사플러스팀 기자

30여 년 전 서울 서북쪽 끝자락에서 자취하던 시절, 주말마다 산
에 올라갔었습니다. 지금은 서울 둘레길의 일부로 잘 관리되어 있
지만, 당시는 그 정도로 관리되어 있지 않았기에 올라가는 길 찾는
게 무척 힘들었었죠. 그렇지만 일단 올라가면 탄성이 절로 나오는
풍경이 보답해주었습니다. 서울 강북에 얼마나 산이 많은지, 그리
고 골짜기마다 어쩜 그렇게 집이 많은지. 지방에서 올라온 촌놈 입
장에서 입이 딱 벌어지는 풍경이었습니다.

그때 절로 나오는 한숨이 "이 많은 집 중에 어째 내 집은 한 채도
없나?"라는 한탄이었습니다. 당시 다세대주택 반지하 셋방에서 살
고 있었기에, 겨울에는 하루 종일 볕 하나 안 들어오고 여름에는 곰
팡이 때문에 고통 받는 중이었거든요. 그로부터 20년 후 신도시 아
파트를 처음 구입할 때, 가슴 벅차 잠을 이루지 못했던 것은 아마도
이 젊은 날의 기억 때문이었을 겁니다.

그래도 저는 복 받은 편입니다. 1990년대 초반 직장 생활을 시작했기에 1997년 외환위기도 상대적으로 편하게 보냈고 또 그 이후 펼쳐진 정보통신 붐 속에서 연봉 인상의 기쁨도 맛볼 수 있었습니다. 반면 200만 공시족으로 대변되는 2030세대에게 서울, 수도권 부동산은 그림의 떡처럼 보입니다. 특히 최근 서울, 수도권 주요지역의 LTV가 40%까지 강화된 것도 주택구입의 어려움을 가중시킨 악재라 하겠습니다. 모아둔 돈이 없는 젊은 세대 입장에서 대출마저 막히면 집을 구입하기 쉽지 않으니까요.

상황이 이러한데 정석우 기자의 책,《35세, 1억으로 내 아파트 갖기》라는 제목은 엉뚱하다는 생각이 들 법합니다. 그러나 책을 차근차근 읽다 보니, 의외로 젊은 세대들에게 주택구입의 길이 열려 있음을 확인할 수 있었습니다.

언뜻 보기에는 정부의 연이은 부동산 시장 규제 영향으로 내 집 마련의 꿈을 아예 접어야 할 것 같습니다. 그렇지만 정석우 기자의 답변은 복잡한 고민을 단순화시켜줍니다.

한국 주택시장의 변화가 '전세에서 월세'로 움직이는 것을 감안할 때, 실수요자 입장에서 주택구입의 실익을 냉정하게 고민할 필요가 있다는 말에 크게 공감합니다. 전국과 서울의 아파트 매매가격 대비 전세가격 비율이 70%를 넘어서는 등 사상 최고 수준에 올라섰습니다. 2017년 9월 기준, 서울의 매매가격 대비 전세가격 비율은 71.2%에 이릅니다. 쉽게 이야기해 5억 5,000만 원에 거래되는 서울의 평균적인 아파트를 기준으로, 전세가 4억 5,500만 원에 달한다는 이야기입니다.

이렇듯 전세가격이 매매가격의 70%를 넘어서게 된 이유는 어디에 있을까요? 그 원인은 바로 '전세 소멸' 때문입니다. 2006년만 해도 전체 임대가구 중에서 전세가구 비중이 54.2%에 이르렀지만, 2016년에는 그 비중이 39.5%까지 줄어들었습니다.

예를 들어 분당에 있는 3억 원짜리 아파트를 보유한 사람이 2억 원에 전세를 놓다가, 보증금 1억 원에 월 50만 원을 받는 반전세로 전환했다고 생각해봅시다. 집 주인은 세입자에게 돌려줄 1억 원의 전세 보증금을 부동산 담보대출을 통해 마련하여 연 2~3%의 이자를 내는 대신, 연 5% 전후의 월세를 받을 수 있으니 훨씬 이익이 될 것입니다. 따라서 현재와 같은 환경이 지속되는 한, 전세가격이 천정부지로 치솟으면서 이게 다시 매매가격을 압박하는 일종의 '악순환'이 계속될 가능성이 높습니다.

부동산이 오늘이라도 무너지면 어떻게 하나요? 물론 부동산이 아주 고평가되어 금방이라도 무너질 것이라고 생각하는 분들도 있을 겁니다. 그렇게 판단하면 주택 구입 안 하는 게 맞겠죠. 그러나 저는 생각이 조금 다릅니다. 역사적으로 볼 때, 한국 특히 서울의 주택 구입 부담은 꽤 낮아졌기 때문입니다.

주택금융공사에서 발표한 '주택구입 부담지수K-HAI'라는 지수가 있습니다. 이 지수가 100이라는 얘기는 각 지역의 중간소득 가구가 그 지역 중간가격의 주택을 구입할 경우 적정부담액(소득의 약 25%)의 100%를 주택담보대출 원리금 상환으로 부담한다는 뜻입니다. 2017년 6월 말 현재 서울의 주택구입 부담지수가 107.2이니, 서울에서 주택을 구입하려면 소득의 25% 이상을 담보대출 원리금 상환에 써야 한다는 뜻입니다.

그런데 이 지수의 '절대적' 수준만 보면 안 됩니다. 왜냐하면 2004년 주택구입 부담지수 작성 이후 아주 짧은 시간을 제외하고 서울은 언제나 100을 넘어왔기 때문입니다. 즉 누구나 원하는 지역의 부동산 가격은 비쌀 수밖에 없으니 '절대적' 숫자만 보면 제대로 평가할 수가 없습니다.

그럼 어떻게 해야 할까요? 주택구입 부담지수의 역사적인 평균 수준에 비해 최근의 값이 높은지 낮은지를 판단해야 합니다. 이렇게 측정해보면 서울의 부동산 구입부담이 2007년에 비해서는 거의 2/3 수준으로 떨어졌음을 알 수 있습니다.

이렇게 부동산 구입 부담이 낮아진 이유는 두 가지 때문입니다. 하나는 부동산 가격 상승 속도보다 소득 증가 속도가 더 빨랐기 때문이고, 다른 하나는 금리가 빠르게 떨어졌기 때문입니다. 한국은행이 추산하는 가계대출 기준으로, 2007년 12월에는 대출금리가 6.99%였지만 2017년 8월에는 3.39%로 떨어졌습니다. 특히 주택담보대출이나 집단대출의 금리는 3% 초반에 불과합니다. 더 나아가 이건 평균에 불과하니, 사례에 나와 있는 맞벌이 부부 입장에서는 금리가 더 낮아질 가능성도 높습니다.

결국 올라만 가는 전세 부담을 지느니 주택을 구입하기로 마음 먹었다면, 어떻게 행동해야 할까요? 30년 만기 주택담보대출을 받았는데 만기 이전에 은퇴하면 어떻게 할까요? 나올 수 있는 모든 질문에 대한 답변을 이 책은 담고 있습니다.

그간 여러 책에 추천사를 썼지만 일일이 줄 치고 메모하면서 책을 읽어보기는 오랜만인 것 같습니다. 추천사에 쓴 이야기뿐만 아니라, 주옥같은 팁이 많으니 이 책을 읽을 때에는 꼭 메모할 준비를 하시기 바랍니다.

홍춘욱 키움증권 투자전략팀장

실수요자 전성시대

박근혜 정부를 거쳐 문재인 정부가 출범하면서 부동산은 일종의 정치적 키워드가 됐습니다. 완화든 강화든 규제에는 정치적 해석이 따라붙고, 가계부채 증가와 집값 상승은 마치 도덕이나 윤리의 영역 같습니다.

하지만 부동산, 특히 가족의 보금자리인 주택, 그리고 그 주택을 마련하기 위한 대출은 정치가 아니라 생활의 영역입니다. '빚 내서 집 사기'는 투자이기에 앞서 생활·생존의 수단입니다. 하지만 최근 각종 규제와 경제 불확실성 증가로 인해 용기보다 두려움이 앞섭니다.

이 책은 빚 내서 집 사기를 둘러싸고 두려워해야 할 지점과 그렇지 않은 지점을 분명하게 알려주자는 취지에서 기획됐습니다. 두려워해야 할 대목을 정확히 이해하지 않은 채 포기부터 하는 건 생활인의 직무유기입니다.

11

특히 2015년 7월 22일 가계부채 종합관리 방안부터 2017년 6·19, 8·2 부동산 대책, 10·24 가계부채 대책까지 잇단 규제로 불필요한 두려움이 증폭됐고, 만용이 아니라 오히려 자포자기를 걱정해야 하는 상황이 됐습니다.

이처럼 요란한 규제가 무주택자나 1주택자인 실수요자에게 안겨준 유일한 부담은 '집값 대비 주택담보대출한도'를 뜻하는 LTV_{Loan to Value}(담보인정비율) 강화뿐입니다.

10·24 가계부채 대책과 11월 26일 후속대책은 무분별한 다수의 주택담보대출에 대한 일정한 제동장치를 마련했을 뿐, 만 40세 미만인 무주택자나 결혼 5년 이내 신혼부부의 DTI 심사를 완화하는 실수요자 보호방안을 담고 있습니다.

11월 30일 한국은행 금융통화위원회가 기준금리를 1.25%에서 1.5%로 높였지만 주택담보대출의 실제 금리는 예고된 금리인상 가능성이 이미 반영된 상태입니다. 규제는 실수요자의 내 집 마련에 오히려 기회이며, 갚을 수 없는 나쁜 빚을 차단해주는 안전장치입니다. 빚은 그 자체로 좋은 것도 아니고 나쁜 것도 아닙니다. 갚을 수 없는 빚이 나쁜 빚이고 갚을 수 있는 빚은 좋은 빚입니다. 내 집 마련을 희망하는 실수요자들에게 우선적으로 필요한 것은 '갚을 수 있는 빚을 얼마나 낼 수 있는지'에 대한 명확한 사실 인식입니다.

세간에 나도는 부동산 시장에 대한 우려 섞인 전망은 대부분 보유 자산 투자처를 놓고 고민하는 투자자들의 화젯거리일 뿐 실수요자가 몰입할 이슈가 아닙니다. 최근 정부의 규제 강화도 마찬가지입니다. LTV 강화를 제외한 모든 규제는 투기 근절을 위한 조치의 일환입니다. 단언컨대 실수요자 전성시대입니다.

규제지역 지정은 규제가 필요할 정도로 잠재적 집값 상승세가 심상치않다는 방증입니다. 규제가 집값 하락을 의미하지 않는다는 얘기입니다. 2018년 1월까지 규제지역 집값은 떨어지기는커녕 오히려 올랐습니다.

부동산을 중심으로 한 양극화 문제를 시민사회 일원으로서 고민하고 대안을 모색하는 일과, 생활인으로서 갚을 수 있는 빚을 빌려 제때 내 집 마련에 나서는 일은 구분돼야 하는 일이고 양립할 수 있는 일입니다. 양극화 논의와 생활인의 내 집 마련 고민은 양립할 수 있지만 섞여서는 안 됩니다.

2012년부터 5년간 기획재정부와 금융위원회, 금융감독원에 출입하며 주로 가계부채, 주택대출 이슈를 보도해온 저널리스트로서, 그리고 같은 기간 실수요 목적으로 세 번의 '빚 내서 집 사기'를 직접 경험해본 생활인으로서 정책당국자의 규제를 번역해봤습니다. 일종의 주택대출 지침서를 출간해보라는 주변의 권유가 많아 2016년 말부터 출간을 준비했지만 태풍과도 같은 잇단 규제 러시로 인해 배를 띄울 시기를 찾지 못했습니다.

하지만 2017년 6·19 대책과 8·2 대책 등 부동산대책, 10·24 가계부채 대책으로 규제의 윤곽이 잡혀 준비한 내용을 선보이게 됐습니다. 규제가 잇따르면서 오히려 '빚 내서 집 사기'에 대한 분명한

메시지를 정리해봐야겠다는 의무감이 뒤따른 점도 한몫했습니다.

　친지 또는 취재 과정에서 만난 당국자, 금융인 등과 생활인으로서 주고받은 '빚 내서 집 사기 가이드'를 책으로 정리해봤습니다. 기자는 기사를 쓰는 놈＊일 뿐 결코 전문가가 될 수 없다는 고집에도 불구하고 기라성 같은 전문가들의 조언 덕에 책을 내는 만용을 부리게 됐습니다.

　감시자인 기자에게 "비판받아도 좋으니 닥치고 팩트"라며 정책 당국자로서 진솔한 고민을 여과 없이 공유해준 양현근 한국증권금융 부사장님(전 금융감독원 부원장보), 김영기 전 금융감독원 부원장보님, 이형주 금융위원회 금융정책과장님, 홍석린 금융감독원 가계신용팀장님, 이인욱 금융위원회 금융정책과 총괄서기관님 등 여러 당국자들의 대범한 소통에 지면을 빌려 감사의 뜻을 전합니다.

　경영학 박사이자 투자 전문가로서 이론적 조예와 현장 감각에 기반한 조언을 아끼지 않아주신 홍춘욱 키움증권 투자전략팀장님께서 추천사를 써주는 영광을 선사해주셨습니다.

　정책 내용과 법령, 실제 사례를 토대로 모든 내용을 직접 쓰고자 노력했지만 일부 대목은 전문가들의 직접적인 도움을 받지 않을 수 없었습니다. 주택연금 분야 내용을 점검해주신 이규진 주택금융공사 정책모기지부장님, 부동산금융 분야 대한민국 최고 법률가인 범현 법무법인 태평양 파트너 변호사님, 일반 실수요자들이 이해할 수 있도록 양도소득세와 증여세 분야를 점검해주신 강형규

IBK기업은행 WM사업부 세무사님께 감사드립니다.

정확한 KB시세 작성을 위해서 불철주야 고생하는 주택금융 명가名家 KB국민은행 부동산금융부 황재현 팀장님께 감사와 더불어 응원 말씀을 드립니다. 정확한 시세는 부동산 거래의 갑을甲乙 관계를 최소화하는 '부동산 민주화' 수단입니다. 오랜 시행착오 끝에 수준 높은 시세 관행이 자리 잡았다는 점에서 실수요자들이 내 집 마련을 놓고 불필요한 두려움을 가질 필요가 없다는 점을 강조하고 싶습니다. KB국민은행 본점 영업부 출신으로 영업현장의 실무적 현실을 오랜 기간 멘토링해주신 최용래 과장님께 감사드립니다.

가계부채와 기업구조조정(기업부채)을 포함해 만 3년 동안 부채 이슈를 줄곧 담당할 수 있도록 배려해주신 손현덕 논설실장님, 서양원 편집국장님, 김명수 부장, 박봉권 부장, 채수환 부장, 송성훈 차장, 김규식 차장 등 매일경제 선배들께도 인사를 전하지 않을 수 없습니다.

부동산 분야 최고의 저널리스트로서 부동산 시장 일반론에 대해 걸음마를 떼게 해준 김경기 MBN 기자, 김동현 서울신문 기자 등 언론인 선배들께도 감사드립니다. 부동산 시장 현장과 정책 현장을 두루 누빈 김경기 선배의 실수요자용 부동산 시장 전망이 책 후미를 장식하게 됐습니다.

정부 정책 발표를 감안한 빠듯한 출간 일정에도 흔쾌히 출간을 허락해주신 매경출판 전호림 대표님과 탁월한 기획력과 편집으로 책의 풍미를 보태주신 권병규 과장님께 각별한 감사를 전합니다.

무엇보다도 이 책의 일등 공신은 10년간 다섯 차례 이사로 이어진 '빚 내서 집 사기'의 여정을 함께해준 사랑스러운 아내 양란영입니다. 갚을 수 있는 빚을 내어 소중한 보금자리를 마련하는 데 가족 간 신뢰와 화합이 최우선이라는 사실을 강조하고 싶습니다.

정석우

목차

PART 1
모르면 무조건 손해! 주택대출의 정석

PART 2

자금효율 극대화! 주택대출 운용의 기술

PART 3

아는 만큼 이득! 부동산 제도·규제 공략 노하우

부록
부동산·금융 규제 이해하면 길이 보인다!

PART /
1

모르면 무조건 손해!
주택대출의 정석

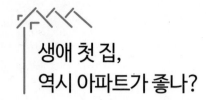

생애 첫 집,
역시 아파트가 좋나?

　단도직입적으로, 무주택 실수요자로서 대출을 받아 내 집 마련에 나서는 사람들에게는 아파트를 추천합니다. 사실 연립빌라나 단독주택, 오피스텔 등의 주택 유형이 아파트라는 주택 유형보다 주거만족도나 보유가치 면에서 뒤떨어진다고 말하기는 어렵습니다. 하지만 첫 구매대상은 아파트가 안전합니다.

　이유는 '정보가 풍부하기 때문'입니다. 통상 매수인은 매도인에 비해 정보 면에서 열등한 상황에 처하게 됩니다. 먼저 집을 사고판 경험에서 매도인이 매수인을 앞서는 경우가 많습니다. 특히 무주택자인 매수인의 주택 구입 경험은 '0회'인 반면, 매도인은 '최소 1회 이상'입니다. 이 경험의 차이는 대개 1보다 훨씬 큽니다.

　다음으로 매도인은 매매거래 대상 주택과 일대 주택시장에 대한 이해도가 높습니다. 특정 주택이 거래될 때 적정 수준의 가격대를 인지하고 있는 편입니다. 반면 매수인은 주택 매매 경험이 풍부한 친지를 동행한다고 하더라도 해당 주택이나 일대 지역 이해도가 매도인보다 떨어질 수밖에 없습니다.

특히 특정 지역에서 영업하는 공인중개사 대부분은 해당 지역에 한 명의 생활인으로서 거주하는 경우도 많습니다. 공인중개사 중 일부는 중개 업무의 무게중심을 매수인보다 매도인에게 두는 경향도 있습니다. 단 1회의 중개로 끝나는 경우가 많은 매수인보다, 다주택자가 많은 매도인의 경우 후속 중개로 이어질 가능성이 높기 때문입니다.

이처럼 매수인은 주택거래에서 정보 열위의 상황에 직면하는 경우가 많습니다. 아파트는 연립빌라나 단독주택 같은 다른 주택 유형에 비해 이 같은 정보 열위 상황을 최소화할 수 있습니다. 쉽게 말해 '호구가 될' 가능성을 줄일 수 있다는 얘기입니다. 이유는 크게 두 가지입니다.

먼저 KB국민은행 시세나 한국감정원 시세 같은 합리적인 거래 가격 판단기준이 존재합니다. 연립빌라나 단독주택의 경우 '내가 이 가격에 사는 게 과연 맞는 걸까'라는 의구심을 떨치기 어렵습니다. 주택 거래 경험이 많은 사람들이나 전문 투자자는 감정평가법인의 감정평가와 주변 시세 조사를 통해 합리적인 가격대로 사고파는 데 문제가 없습니다. 하지만 첫 주택마련에 나서는 무주택자에게는 어려운 일입니다.

반면 아파트는 층수와 동 위치만 다를 뿐 동일한 평면도와 면적의 집이 여러 채 존재하고 거래빈도가 높기 때문에 객관적인 시세가 축적돼 있습니다. 그 결과 일대 공인중개사들이 제공하는 거래 정보를 토대로 비교적 정확한 KB시세가 형성됩니다. 특정 지역 아파트에 대한 이해도가 가장 떨어지는 매수인, 예컨대 지방 출신 신혼부부를 가정해도 KB시세와 유사하거나 KB시세를 현저히 웃돌지 않는 범위에서 아파트를 계약하면 크게 손해 볼 일은 없다는 뜻입니다. 바꾸어 말하면, 제아무리 노련한 매도인이라 해도 시중에 자리 잡은 KB시세를 무시한 채 엉뚱한 가격으로 신출내기를 조롱할 수 없습니다.

첫 구입 주택으로 아파트를 추천하는 또 다른 이유는 향후 처분의 용이성 때문입니다. 첫 연애상대와 반드시 결혼한다는 보장이 없듯 처음 구입한 집에 평생 사는 사람들은 드뭅니다.

주택구입을 위한 주택담보대출 최장 만기는 35년이고 주택구입자는 평균적으로 20년 만기를 선택하지만, 금융감독원에 따르면 실제 주택담보대출 존속기간은 7년입니다.

자녀가 늘어나면서 집을 넓혀야 하거나 직장을 멀리 옮기면 살던 집을 되팔거나 전세 또는 월세 형태로 임대를 줘야 합니다. 이처럼 집을 되팔거나 임대를 줄 때 상대적으로 거래빈도가 많은 아파트가 쉽습니다. 처분이 용이해야 원하는 처분시기(예컨대 새로 구입하는 집의 입주일)에 맞춰 매도나 임대 등 처분이 가능합니다.

아파트 중에서도 특정 지역 랜드마크 격인 대단지 아파트, 특히 전용면적 59㎡(20평대)나 84㎡(30평대)처럼 흔한 면적대 아파트의 거래빈도가 높습니다. 거래빈도가 높기 때문에 KB시세가 상대적으로 정확합니다. 시세에 대한 신뢰도가 높을수록 거래빈도는 더욱 높아집니다. 흔한 면적대 동호수가 많은 아파트를 선택하는 게 좋습니다. 이런 조건을 만족할수록 시세가 비싸겠지만 로열동이나 로열층을 포기하더라도 첫 집은 이 같은 조건을 만족하는 아파트를 선택하는 게 안전합니다.

목돈이 묶여 있어도
집 살 수 있다

주택구입을 저울질하는 많은 무주택자들은 일정한 주택담보대출을 받아 대략 어느 정도 가격대의 아파트를 구입할 수 있겠다는 감感을 잡고 있습니다. 하지만 실행에 옮기지 못하는 큰 이유 중 하나가 바로 '묶여 있는 돈'입니다. 수중에 당장 수천만 원의 계약금과 억대의 중도금이 없습니다.

자산이라고 할 만한 돈은 대부분 전세보증금이나 반전세 및 반월세의 보증금 형태로 묶여 있습니다. 그마저도 전세자금대출이 껴 있는 경우가 다반사고, 결정적으로 살고 있는 집의 전·월세 계약 만기가 돌아오거나 중도에 파기해야(즉 중간에 살던 집에서 나와야) 현금화할 수 있습니다.

5억 원짜리 아파트를 구입하려 하니 당장 10%(5,000만 원)의 계약금이 있어야 한답니다. 신용대출로 어렵사리 계약금을 마련했는데 매도인은 1억 원의 중도금도 받아야겠다고 합니다. 1억 원 이상 넉

아파트 매매 절차 개관

구분	기존 아파트 매매(소유권이전등기)	신규 분양아파트 입주
가계약	매매가에 따라 50만~1,500만 원	해당사항 없음
본계약	통상 매매가의 10% 내외 (협의 가능, 가계약금 포함 기준)	통상 매매가의 10% (입주자모집공고분 기준)
중도금납부	매매가의 20~30% 내외 (의무사항 아님) * 중도금대출 원칙적 불가	통상 매매가의 60% (의무사항, 10%씩 6차례 분할납부) * 중도금대출 일반적
잔금납부	나머지 금액(매매가의 90~60%) * 계약서상 지정일(통상 하루)	통상 매매가의 30% * 별도 공고된 지정기간(통상 2개월)

넉한 돈을 언제든지 현금화할 수 있는 예·적금 형태로 보유한 사람들은 많지 않습니다. 가족 생계를 꾸려나가면서 30대 중후반에 이 정도 현금을 모은 사람들에게는 박수를 보내야 할 것입니다.

기존 전셋집 만기가 끝났는데 집주인이 연장을 거부해 새로운 집으로 이사한 게 불과 몇 달 전인 경우도 있을 수 있습니다. 구입하고 싶은 좋은 조건의 아파트 매물이 나왔는데 갑자기 또 이사하려니 이사비와 중개보수가 아깝습니다. 한강 다리를 넘나들 때마다 보이는 수많은 아파트의 주인들, 때론 자신보다 한참 어려보이는 집주인들은 예외 없이 부모 잘 만난 금수저 같습니다.

하지만 인생을 바꿀 정답은 항상 눈에 보이는 곳에 있지 않습니다. 금수저가 많은 것이 사실이지만 성실히 벌고 갚을 수 있는 빚을 빌리고 갚아 눈에 보이지 않는 것을 눈에 보이는 것으로 만든 똑똑한 생활인도 많습니다.

아파트 구입을 위한 절차를 하나하나 살펴보면서 '묶여 있는 돈'에 대한 고민도 풀어보겠습니다. 갚을 수 있는 빚을 내어 사고 싶은 집이 있다면 당장 시작하는 게 좋습니다.

계약금은 신용대출로… 청약저축은 깨라

아파트 구입은 통상 '아파트 물색 → 가계약(필수 아님) → 계약(본계약) → 중도금 납부(필수 아님) → 잔금 납입 및 입주' 순으로 진행됩니다.

마음에 드는 아파트를 고른 후 주택담보대출과 신용대출을 통해 매매가를 마련하는 데 문제가 없는지 은행에 먼저 확인합니다. 이후 자금조달에 문제가 없다고 판단할 경우 이른바 '가계약'을 진행하게 됩니다.

가계약은 적게는 50만~100만 원, 많게는 1,000만~1,500만 원을 매도인(원소유자) 계좌로 송금하는 방식으로 이뤄집니다. 중도금 납부 여부와 금액, 잔금(입주) 날짜 혹은 잔금(입주) 기간에 대한 대략적인 합의가 선행돼야 합니다.

공인중개사 사무실을 돌고 돌아 모처럼 마음에 들고 조건에 맞는 매물을 찾았는데 매매가의 10%에 해당하는 계약금을 하루 안에

가계약금 500만 원, 계약파기 손익 분석

구분	손해배상	손익분석	계약파기 방지방안
매도인 파기 시 (매도인 우위 상황)	1,000만 원 반환 (500만 원 손해)	3억 500만 원 초과 신규 매수인 찾으면 계약 파기 이익	매수인 주도의 가계약금 상향협의
매수인 파기 시 (매수인 우위 상황)	가계약금 포기 (500만 원 손해)	2억 9,500만 원 미만 신규 매도인 찾으면 계약 파기 이익	매도인 주도의 가계약금 상향협의

* 매매가 3억 원 기준

마련하기는 어렵기 때문에 통상 가계약을 합니다. 100만 원의 가계약금을 줬는데 매도인이 1,000만 원 이상 비싸게 사겠다는 새로운 매수자를 찾을 경우 매도인은 100만 원의 가계약금을 포기할 수 있습니다. 100만 원을 포기함으로써 900만 원의 추가 이익을 얻을 수 있기 때문입니다. 따라서 해당 지역 시세 변동 추이를 감안해 넉넉한 가계약금을 걸어놓는 게 좋습니다.

본계약일은 가계약 이후 일주일 안으로 잡는 게 보통입니다. 본계약일에는 매매가의 10%를 준비해야 하는 게 비교적 확고하게 자리 잡은 관행입니다. 예·적금 등 현금성 자산으로 계약금이 부족하다면 연봉 수준의 한도가 나오는 신용대출을 받으면 됩니다. 최근 대출규제 강화로 KB시세의 40~60% 수준인 주택담보대출만으로는 원하는 아파트 구입이 어렵기 때문에 신용대출은 어차피 필요한 경우가 많습니다. 또한 입주(잔금일)가 임박한 시점에 주택담보

신용대출 유형 및 장단점

구분	상환방식	중도상환수수료	가산금리	한도
일반 신용대출	1년 만기 일시상환 (10년까지 계약연장)	주로 부과 (최대 1.4%안팎)	없음	다소 높은 편 (분할상환 ↓ 일시상환)
	3~5년 만기 분할상환			
마이너스 통장	1년 만기 일시상환 (10년까지 계약연장)	없음	주로 가산 (0.5%포인트 내외)	다소 낮은 편

대출과 신용대출을 동시에 신청할 경우 신용대출이 거절당하거나 주택담보대출 한도가 줄어들 수 있습니다. 따라서 신용대출은 주택구입을 염두에 둔 시점에 연봉의 1~1.5배 범위에서 은행 등이 허용하는 범위 내 '생활긴급자금' 등 명목으로 최대한 받아두는 게 좋습니다.

주택구입을 염두에 두고 있지만 당장 구입할지 종잡을 수 없는 경우 마이너스통장 방식 신용대출을 받는 게 좋습니다. 단, '잔금(입주) 시점에 주택담보대출을 받고 전세보증금까지 빼게 되면 대부분의 신용대출을 상환할 수 있는 경우'에 한해서입니다. 일반 신용대출보다 금리가 많게는 연 0.5%포인트가량 높은 대신, 대출금의 최대 1.4%가량 부과되는 중도상환수수료 부담이 없는 데다 사용하지 않으면 이자가 발생하지 않습니다.

반면 신용대출 전액이나 대부분의 금액을 주택구입에 소진해야 하는 경우라면 금리가 낮은 일반 신용대출을 받길 추천합니다. 참고로 카카오뱅크 신용대출의 경우 일반 신용대출의 중도상환수수료가 없고 마이너스통장 방식을 선택하는 데 따른 가산금리가 상대적으로 낮습니다.

신용대출을 충분히 받았다면 '전세금담보대출'을 활용하는 것도 방법입니다. 계약한 지 1년이 지난 시점에서도 집주인 동의를 거쳐 전세금의 80%를 대출 받을 수 있습니다. 입주 시점 전후에 받는 '전세자금대출'과 다릅니다. 대출이자가 소득의 40%를 넘지 않으면 됩니다. 또한 오랫동안 납입해둔 청약저축이 아까워서 주택구입 자체를 포기하거나 목표치를 낮추는 일이 없기를 바랍니다.

청약저축을 해지한 돈으로 일단 원하는 주택에 입주하고, 구입한 주택에 입주한 즉시 새롭게 청약저축 납입을 시작해도 서울 기준 1순위 청약을 노리는 데 문제가 없습니다. 다른 장에서 자세히 설명하겠지만 입주 직후 최초 2년 이내에 집을 되파는 경우는 흔치 않습니다. 양도소득세 비과세 요건을 충족하기 위해서는 최소 2년 동안 구입한 아파트를 보유해야 하기 때문입니다.

그런데 1순위 청약요건을 달성하기 위해서는 같은 기간의 청약 납입이 필수적입니다. 가점제 방식 청약에서 주택청약종합저축 납입기간 항목의 가점이 낮아지는 문제가 있는데 서울의 경우 유주택자는 어차피 전용면적 84㎡ 이하에 대한 추첨제 청약이 불가능하고 가점제의 경우 무주택기간이 '0점'이라 가능성이 미미합니다. 1주택자가 되고 2년 동안 청약저축을 납입한 후 전용면적 84㎡ 초과 아파트에 대한 추첨제 방식 분양 당첨을 노려도 된다는 얘기입니다.

중도금은 의무 아냐…
피할 수 없다면 '매도인 담보 매수인 명의 대출'로

예·적금에 더해 신용대출을 받고 청약저축까지 해지해 계약금을 마련했지만 매도인이 요구하는 중도금 1~2억 원은 마련할 길이 막막합니다.

중도금은 말 그대로 계약금(매매가의 10%) 납입 시점과 잔금 납입 시점 사이에 매수인이 매도인에게 매매대금의 일부를 납입하는 개념입니다. 통상 분양가의 60%인 신규분양아파트 중도금이 입주자 모집공고문에 따라 의무적으로 납입해야 하는 대금인 반면, 기존 아파트 매매 중도금은 의무나 필수가 아닙니다.

하지만 매도인은 종종 중도금을 요구합니다. 매도인 역시 기존 아파트를 되팔고 새로운 아파트를 매입하면서 또 다른 매도인이 요구하는 중도금을 마련해야 하기 때문입니다. 이런 경우가 아니더라도 매매계약의 안전성을 확보하기 위해 중도금을 요구하는 매도인이 많습니다. 예컨대 5억 원짜리 아파트를 매매하면서 계약금 5,000만 원에 더해 중도금 1억 원까지 받아놓을 경우 매수인의 변심(계약 중도파기)을 예방할 수 있기 때문입니다. 매도인이든 매수인이든 중도에 계약을 파기할 경우 이미 오고간 돈을 포기해야 합니다. 매도인의 경우 자신이 계약을 파기할 경우 1억 5,000만 원의 2배인 3억 원을 매수인에게 돌려줘야 하고, 매수인은 이미 낸 1억 5,000만 원을 포기해야 합니다.

현금 사정이 빠듯한 매수인 입장에서는 가능하면 중도금이 없거나 중도금을 최소화하는 방향으로 가계약 단계부터 계약조건을 확정하는 게 좋습니다. 중도금은 의무가 아니기 때문입니다. 하지만 중도금을 받겠다는 매도인에게 중도금을 무조건 포기하라고 강제할 방법도 없습니다. 중도금 여부와 금액, 시기는 매도인과 매수인 양자 간 합의사항이기 때문입니다.

따라서 매도인 사정에 맞춰 발전적인 협의에 임하는 게 최선의 방법입니다. 먼저 미리 마련할 수 있는 범위에서 계약금을 10%가 아니라 20%가량 높이겠다고 제안하는 방법입니다. 또는 계약금과 잔금 시점의 간격을 좁힘으로써 거래안전성을 높여 중도금 수수(주고받음)의 필요성을 낮추는 방법이 있습니다.

중도금 여부, 금액, 시기를 포함한 매매계약조건은 해당 아파트 단지나 일대 부동산 시장의 상승세가 심할수록, 이른바 '매도자 우위' 현상이 강할수록 매수인이 매도인의 요구를 거절하기 어렵습니다. 반면 이 같은 매도자 우위 현상이 심하지 않거나 거꾸로 매수자 우위 상황에 있을 경우 중도금을 생략하자는 매수인의 요구를 매도인이 받아들일 가능성이 높아집니다. 매도자 우위가 약하거나 매수자 우위 상황인 경우 아예 공인중개사무소에 아파트 매수를

의뢰하면서 중도금 생략을 전제조건으로 내걸고 매물을 알아보는 것도 방법입니다(첫 아파트 구입 때는 지나친 매도자 우위 아파트를 피하는 게 좋습니다).

입지나 가격, 입주시기 등 조건이 들어맞는 최적의 매물이 있는데 매도인의 중도금 요구를 거절할 수 없는 상황이라면 매도인의 양해를 구해 들어갈 집을 담보로 미리 주택담보대출을 받는 방법이 있습니다. 매매절차가 완료되기 이전의 상황이기 때문에 매도인이 (아직) 자신이 보유하고 있는 아파트를 은행에 담보로 제공하고 매수인이 대출 명의자(차주)가 돼 대출이 이뤄지는 방식입니다. 금융권에서는 '제3자 명의 담보대출'이라고 부릅니다. 보증기관 보증서를 토대로 이뤄지는 신규분양아파트 중도금대출이 일반적으로 이뤄지는 것과 달리 기존 아파트 중도금대출은 예외적입니다. 하지만 현실에서 빈번하게 이뤄지는 대출입니다.

매도인 입장에서는 매수인이 대출을 제때 상환하지 않을 가능성을 배제할 수 없기 때문에 약간의 위험을 감수해야 하는 대목이지만, 매도인만 승낙한다면 매수인이 부담해야 할 위험은 없습니다. 다만 목돈을 미리 내고 이자까지 부담하는 셈이기 때문에 재무적으로는 손해입니다. 제3자 담보제공 방식 대출을 받을 때는 중도금을 내지 않았을 경우에도 입주(잔금) 시점에 받으려고 계획했던 대출금액을 미리 다 받아두는 게 좋습니다. 즉 입주시점에 집값(5억원)의 50%(2억 5,000만 원)까지 대출을 받을 요량이었다면 중도금대출을 매도인이 요구한 1억 원만 받지 말고 2억 5,000만 원 전액 대출해놓으라는 얘기입니다. 매도인 요구금액만큼 매도인에게 미리 중도금으로 납부하고 나머지 1억 5,000만 원은 마이너스통장에 넣어두거나 단기 예금에 넣어두면 됩니다.

입주(잔금) 시점에 아파트 명의가 변경되면 담보제공자가 자신이 되고 대출명의자도 자신이 되는 평범한 상황으로 돌아옵니다.

기존 전세대출은 입주 시점 주택담보대출로 '퉁'

전세나 반전세에 거주하다가 처음으로 내 집 마련을 계획하는 사람들이 심리적으로 주저하는 대목이 기존 전세보증금에 설정돼 있는 전세자금대출입니다. 예컨대 보증금 2억 원과 월세 50만 원 조건으로 반전세 임차 아파트에 거주하는데 2억 원 보증금에 1억 원의 전세자금대출이 남아 있는 경우를 생각해볼 수 있습니다. 이 전세자금대출 1억 원을 갚아야 주택담보대출이 가능한 것이 아니냐는 걱정들을 많이 합니다.

하지만 아파트 매매계약에 따라 입주시점(구입한 아파트 잔금납부를 위한 주택담보대출 실행 시점)이 확정되고 해당 시점에 맞춰 기존 전셋집의 퇴거(전세보증금 환급) 역시 확정된다면 문제가 없습니다. 나머지는 두 곳의 은행이 알아서 합니다. KB국민은행에 전세자금대출 1억 원이 있고 우리은행에서 주택담보대출 2억 5,000만 원을 받기로 했다면 우리은행에서 전세 퇴거일 즉 구입 아파트 입주일에 2

전세자금대출 대환 시나리오

채권자(채무자)	채권·채무액	상환방식
KB국민은행 (임차인)	전세자금대출 1억 원	우리은행이 임차인 대신 대출금(1억 원)과 중도상환수수료(35만 원), 한 달치 잔여이자(29만 원)를 KB국민은행에 상환(총 1억 64만 원)
우리은행 (매수인)	주택담보대출 2억 5,000만 원	우리은행이 주택담보대출금(2억 5,000만 원)에서 KB국민은행 대환비용(1억 64만 원) 차감한 1억 4,936만 원을 매수인(대출고객)에게 지급
임차인 겸 매수인	전세보증금 2억 원	임대인이 임차인에게 2억 원 전액 지급
임차인 겸 매수인에게 남는 돈		3억 4,936만 원 (주택담보대출+전세보증금−전세대출상환액 및 잔여이자·중도수수료)

* 적용 중도상환수수료율은 0.35%(기본 수수료율 0.7%, 대출실행 후 1년 경과 기준), 전세자금대출 한 달 이자는 연 이율 3.5% 기준.

억 5,000만 원에서 전세자금대출 1억 원, 전세자금대출 잔여이자, 전세자금대출 중도상환수수료를 차감해 1억 5,000만 원이 조금 안 되는 돈을 임차인 겸 매수인에게 지급합니다. 임차인 겸 매수인이 KB국민은행에 상환했어야 할 전세자금대출을 우리은행이 대신 상환(대환)하는 방식입니다(두 은행 실무자가 알아서 만납니다).

기존 전셋집 임대인(집주인)은 임차인의 전세자금대출 보유 여부와 무관하게 2억 원의 보증금을 정확하게 임차인에게 돌려주면 그만입니다.

막 입주한 전셋집에 연연할 필요 없어

전세자금대출의 존재보다 예비 주택구입자를 주저하게 만드는 또 다른 고민은 다름 아닌 '막 계약한 전·월셋집'입니다. 기존 전셋집 만기가 다 됐고 임대인(집주인)이 만기 연장에 합의하지 않아, 추석연휴 직전인 2017년 9월 또 다른 전셋집(전세보증금 4억 원)으로 이사한 무주택 40대 직장인 부부의 실제 고민이었습니다. 향후 물가상승률 이상의 집값 상승세를 예상하고 10년 이상 거주하고 싶은 인근 아파트를 구입하고 싶은데 '막 이사했다는 사실'이 마음에 걸립니다.

부부가 내 집 마련을 주저하는 이유는 첫째, 단기간 내에 두 차례나 지불될 이사비용입니다. 둘째, 전세 임대차계약기간이 남아 있는 상태에서 임대차계약을 해지하는 데 따른 부동산중개보수 부담입니다.

새 전셋집 임대차계약기간이 끝나는 2019년 9월까지 내 집 마련을 미루는 게 맞을까요? 결론은 '아니다'입니다.

첫 번째 이유는 냉정하게 말하면 아예 이유가 안 됩니다. 2017년 12월에 아파트를 구입해 그 아파트로 이사하든, 구입 및 이사시기를 2019년 9월로 미루든 한 차례의 이사에 따른 비용이 소요된다는 사실은 매한가지기 때문입니다(이사비용에 대한 계절적 편차는 논외로 하겠습니다).

두 번째 이유 역시 이유가 되기 어렵습니다. 2019년 9월 기존 전셋집 임대차기간 만료일에 맞춰 새롭게 구입한 아파트에 잔금을 내고 입주할 수 있다면 중도계약해지에 따른 기존 전셋집 중개보수 부담이 사라지는 것은 맞습니다. 하지만 기존 전셋집 임대차 기간 만료일과 신규 주택 입주일(잔금일)을 정확하게 일치시킬 수 있는 확률은 높지 않습니다. 반면 부부는 2년에 가까운 기간 동안 구입하려는 아파트의 시세가 160만 원(서울 기준 전세보증금 4억 원에 대한 최대 중개보수) 이상 상승할 가능성이 높다고 보고 있습니다. 2017년 9월에 미리 아파트를 사지 않고 또 다른 전셋집을 알아보는 데 따른 이사비용이 그러하듯 중도 이사에 따른 중개보수 부담 역시 어차피 되돌려 받을 수 없는 매몰비용일 가능성이 높습니다.

전월셋집에 거주하면서 실거주 목적으로 신규 주택구입을 염두에 둔 분들이 알아두면 좋은 중요한 개념은 '묵시적(암묵적) 계약연장'입니다. 보증금 2억 원에 월세 30만 원짜리 아파트에 살고 있는데 계약조건 변경에 대해 계약만기 1개월 전까지 임대인과 임차인이 상호간 연락을 통해 어떠한 논의도 하지 않았다면 임대차 계약은 자동적으로 연장되고 이를 묵시적 계약연장이라고 합니다.

이렇게 묵시적 계약연장을 거쳐 거주하고 있는 전월셋집에서 임차인(세입자)은 3개월 이전에 사전 통지하는 조건으로 중도 퇴거에 따른 전세보증금의 조건 없는 반납을 요구할 수 있습니다. 임대인은 새 세입자를 구했느냐 여부와 무관하게 임차인에게 전세보증금을 정확한 날짜에 돌려줘야 합니다.

반면 임차인은 3개월 이전에 사전 통지하는 조건으로 중도 퇴거에 따른 전세보증금의 조건 없는 반납을 요구할 수 있습니다. 예컨대 2017년 10월 30일까지 상호 간에 아무런 논의가 없어 같은 해 (2017년) 11월 30일 기준 2019년 11월 30일까지 묵시적 계약연장된 아파트 임대차계약을 가정하면, 임차인은 2019년 11월 30일까지 거주할 권리가 있고 임대인은 임차인에게 양해를 구하지 않은 채 임차인 퇴거를 요구할 수 없습니다. 임대인과 달리 임차인은 2017년 12월말 경 새로운 아파트 매매계약을 체결하면서 2018년 4월 2일에 매매잔금을 내고 입주하기로 한 후, 2018년 1월 1일 살던 아파트 임대인에게 "3개월 뒤인 2018년 4월 2일 기존 전월셋집에서 퇴거 방침이므로 전세보증금을 반환해달라"고 요구할 수 있습니다.

이 경우 임대인이 새로운 임차인을 구했느냐 여부와 무관하게 전세보증금을 임차인에게 돌려줘야 합니다. 묵시적 계약연장 상황인데도 새로운 임차인을 물색하지 못했다는 이유로 전세보증금 반환을 거부하는 임대인이 간혹 있는데 소송 등을 통해 전세보증금을 돌려받거나 그렇지 않을 경우 손해배상을 받을 수 있는 사안입니다.

마지막으로, 묵시적 계약연장이 아니라 일반적인 중도 계약해지의 경우 임차인이 부담해야 할 중개보수 범위를 따져보겠습니다. 당초 3억 원의 전세계약을 체결했는데 중도에 해지할 경우 같은 조건(보증금 3억 원)으로 새로운 임차인이 들어오면 되지만 임대인이 오른 전세 시세를 감안해 3억 2,000만 원에 새로운 전세계약을 체결할 수 있습니다. 이 경우 중도에 계약을 해지한 기존 임차인은 3

기존 임차인 중도계약 해지 시 중개보수 배분 방식

구분	전세보증금	중개보수		
		기존 임차인	임대인	신규 임차인
기존계약 전세금	3억 원	120만 원	120만 원	해당사항 없음
신규계약체결 전세금	3억 5,000만 원 (5,000만 원 상향)	120만 원	20만 원	140만 원

* 최대 중개보수(부가가치세 별도) 기준.

억 원에 해당하는 중개보수만 부담하면 되고 2,000만 원에 해당하는 중개보수는 임대인이 부담할 몫입니다. 3억 2,000만 원에 해당하는 중개보수를 기존 임차인으로서 모조리 부담하는 일이 없도록 유의하시길 바랍니다.

정말 1억 원으로
5억 원짜리 아파트 살 수 있을까?

빚은 갚을 수 있는 범위에서 빌려야 합니다. 원금 분할상환 의무화 시대에 갚을 수 있는 빚은 당위이자 현실입니다. 갚을 수 없는 빚은 보통 가능하지도 않고, 설령 규제가 허용하더라도 나쁜 빚입니다. 이처럼 스스로 경계하는 자세를 갖는 것은 중요합니다.

집을 사기 위해 내는 주택담보대출이라는 빚도 마찬가지입니다. 하지만 이 같은 '갚을 수 있는 범위에서 빌리기'가 주택담보대출의 목적은 아닙니다. 주택담보대출의 목적은 살기 좋은 주택을 구입하는 것입니다. 살기 좋은 주택일수록 가격이 비싸고 보유가치 역시 높은 게 현실입니다. 따라서 갚을 수 있되 빌릴 수 있는 최대 금액이 얼마인지 정확히 인식하는 게 주택담보대출의 첫걸음이 돼야 합니다.

이처럼 집값 대비 대출한도를 결정하는 대표적인 지표는 LTV_{Loan}
_{to Value}(담보인정비율)입니다. 용어가 낯설더라도 이 개념은 수학에서

'근의 공식'처럼 정확히 이해할 필요가 있습니다. LTV는 집값(담보 가치) 대비 주택담보대출 최대한도 비율을 뜻합니다. 예컨대 LTV 규제비율이 70%라는 얘기는 주택담보대출 최대 금액을 집값의 70%로 제한한다는 뜻입니다. 집값이 3억 원이면 70%는 2억 1,000 만 원입니다.

LTV는 주택구입자가 대출을 제대로 갚을 수 있는지 걱정하지 않습니다. 오히려 은행을 걱정합니다. 나중에 주택구입자가 대출을 갚지 않은 채 잠적하면 은행은 그 주택을 경매로 팔아 빌려준 돈을 되찾습니다. LTV 규제비율이 70%일 경우 집값이 30% 이상 떨어지지 않는 한 은행은 손해를 보지 않습니다. 결국 빌려주는 쪽(은행)의 안전을 위해 운영하는 지표가 LTV인 셈입니다(물론 LTV가 낮을수록 주택구입자가 갚을 수 있는 안전한 대출이 될 가능성 역시 덩달아 커집니다).

정부 당국자가 은행의 건전성을 걱정하는 것은 나쁜 일이 아닙니다. 은행이 연쇄적으로 도산하면 국가경제에도 좋지 않습니다. 참고로 한국은 세계에서 LTV 규제가 가장 강한 나라입니다.

무주택자인 실수요자가 집중할 문제는 규제가 허용하는 범위에서 이 LTV를 최대화하는 것입니다. 바꾸어 말하면 자신이 갖고 있는 자산을 활용해 구입할 수 있는 주택 가격의 한계를 인식하는 것입니다.

구입할 수 있는 집을 고심 끝에 구입하지 않을 수는 있습니다. 하지만 마음에 드는 집을 구입할 수 있다는 사실조차 모른 채 인생일

지역별 집값 대비 대출한도(자산 대비 집값한도) 현황

구분		해당 지역	집값 대비 대출한도	자산 대비 집값한도 (자산 1억 7,000만 원 기준)
투기 과열 지구	서울, 세종, 과천, 성남(분당구), 대구(수성구)	부부연봉 8,000만 원 이하 그리고(and) 집값 6억 원 이하 * 투기과열지구 기준 서민·실수요자	집값의 50%	자산의 2배 (3억 4,000만 원)
		부부연봉 8,000만 원 초과 또는(or) 집값 6억 원 초과	집값의 40%	자산의 1.6배 (2억 8,333만 원)
청약 조정 대상 지역	광명, 성남 (분당구 제외), 하남, 고양, 남양주, 화성(동탄2), 부산광역시 (해운대구, 연제구, 동래구, 남구, 수영구, 부산진구, 기장군)	부부연봉 7,000만 원 이하 그리고(and) 집값 5억 원 이하 * 청약조정대상지역 기준 서민·실수요자	집값의 70%	자산의 3.3배 (5억 원)
		부부연봉 7,000만 원 초과 또는(or) 집값 5억 원 초과	집값의 60%	자산의 2.5배 (4억 2,500만 원)
기타 지역	인천, 안양, 용인, 군포, 의왕, 김포, 부천, 수원, 이천, 파주 등, 기타 수도권 이외 지역		집값의 70%	자산의 3.3배 (5억 6,666만 원)

* 모두 현재 기준 무주택자 전제. 서민·실수요자 소득 요건은 생애최초 주택구입자 기준. 생애최초 주택구입자가 아닌 경우 투기과열지구 기준 소득 요건은 부부연봉 7,000만 원, 청약조정대상지역 기준 소득 요건은 부부연봉 6,000만 원으로 강화.

대의 보금자리를 놓치는 것은 안타까운 일입니다.

　이렇게 LTV를 꽉 채운 주택담보대출 금액에 따른 월별 원리금상환액이 월급으로 갚기 어려울 경우 대출금액을 낮춰야 하고 결국 집값도 낮춰야 합니다. 이 문제는 이후 언급하게 될 소득심사 규제 지표인 DTI(Debt to Income)(총부채상환비율)라는 개념과 함께 알아보기로 하겠습니다. 한국은 세계적으로 LTV 규제가 강하고 DTI 규제가 약한 편이기 때문에 LTV부터 계산하는 게 간단하기 때문입니다.

자, 이제 LTV 규제를 기준으로 1억 원의 자산을 보유한 35세 맞벌이 부부(주택 구입 경험 없는 무주택자 기준)가 얼마짜리 아파트를 살 수 있는지 계산해보겠습니다. 부부 연봉은 남편 연봉(4,000만 원)과 아내 연봉(3,000만 원)을 합쳐 7,000만 원입니다. 결론부터 말하면 이 부부는 경기도 용인이나 군포(산본), 수원에 소재한 5억 6,000만 원짜리 아파트를 살 수 있습니다. 경기도 고양(일산, 삼송 등), 부산 해운대구에 있는 5억 원 아파트를 구입할 수도 있습니다. 서울특별시와 과천, 세종시에서는 집값이 3억 4,000만 원인 아파트까지 구입할 수 있습니다. 이처럼 지역별로 구입할 수 있는 아파트 가격대가 달라지는 이유는 지역별로 LTV 규제비율이 다르기 때문입니다.

고양, 안양, 하남, 군포, 해운대 비非투기과열지구 아파트, 자산의 3.3배 아파트를 노려라

이제 규제지역 유형별로 살펴보겠습니다. 먼저 인천광역시와 경기도 안양, 용인, 군포, 의왕, 김포, 부천, 수원, 이천, 파주를 비롯해

지방(세종, 대구 일부, 부산 일부 제외) 등 비규제지역입니다. 비규제지역의 LTV는 70%입니다. LTV가 70%이면 구입하려는 집값의 70%까지 주택담보대출을 받을 수 있습니다.

다음으로 경기도 광명, 성남(분당구 제외), 하남, 고양, 남양주, 화성(동탄2), 부산광역시(해운대구, 연제구, 동래구, 남구, 수영구, 부산진구, 기장군) 등 6·19 대책(2017년 6월 19일 발표)에 따른 청약조정대상지역입니다. 청약조정대상지역 LTV는 60%로 강화됐지만 부부합산 연봉이 7,000만 원 이하이면서 구입하고자 하는 집값이 5억 원 이하면 LTV가 70%로 종전대로 유지됩니다.

LTV가 70%라는 뜻은 자산의 3.3배 가격에 해당하는 아파트를 구입할 수 있다는 뜻이기도 합니다. 주택담보대출을 빼고 준비해야 할 돈이 집값의 30%입니다. 30%(자산)에 '3.3333…'을 곱하면 100%(구입 가능한 최대 집값)가 된다고 이해하면 되겠습니다.

그럼 여기서 자산은 무엇을 말하는 걸까요? 결론적으로 주택담보대출을 제외하고 동원할 수 있는 보유현금과 신용대출의 총합입니다.

먼저 자신이 갖고 있는 전세보증금 또는 반전세나 반월세의 보증금(에서 전세자금대출을 뺀 금액), 각종 예·적금, 보유현금 등 동원 가능한 모든 현금성 자산을 기업 회계 용어와 별도로 '순자산'으로 부르기로 하겠습니다.

여기에 주택담보대출과는 별도의 대출인 신용대출을 합산한 금액이 아파트 구입을 위한 자산입니다. 신용대출은 은행과 신용등급에 따라 연봉의 1배, 1.2배, 1.5배, 2배까지 나옵니다. 반면 급여가 불규칙하거나 상시근로자 규모가 작은 회사 근로자는 연봉보다 신용대출 한도가 낮게 나올 수 있습니다 이 책에서는 보수적으로 연봉의 1배까지 신용대출이 나온다고 가정하겠습니다.

부부합산 연봉이 7,000만 원이면 7,000만 원의 신용대출을 받을 수 있습니다. 남편이 4,000만 원, 아내가 3,000만 원 각각 신용대출을 받는데 이는 아파트를 물색하기에 앞서 은행에 한도 조회를 해뒀다가 아파트를 계약하기로 하면 미리 받아두는 게 좋습니다. 대부분 계약금(아파트 매매가의 10%) 마련 때문에 필요한 게 첫 번째 이유고, 향후 주택담보대출과 신용대출을 동시에 신청할 경우 불리할 수 있기 때문입니다. 중도상환수수료가 없는 마이너스통장 방식으로 신용대출을 미리 받아놓고 나중에 주택구입이 최종적으로 무산되면 마이너스통장을 해지해도 됩니다. 주택구입을 진지하게 고민하기 시작했다면 연봉 수준의 신용대출을 미리 받아두기를 추천합니다.

보유현금 1억 원(전세보증금−전세자금대출+예적금 등)에 신용대출 7,000만 원을 합쳐 부부의 자산은 모두 1억 7,000만 원입니다. 군포와 용인, 안양, 의왕, 김포 등 비非규제지역에서 집값 5억 6,666만 원(1억 7,000만 원×3.3)까지 아파트를 구입할 수 있습니다.

주택담보대출 3억 9,666만 원(5억 6,666만 원×0.7)과 자산 1억 7,000만 원(순자산 1억 원+신용대출 7,000만 원)의 합계입니다. 3억 9,666만 원의 주택담보대출과 7,000만 원의 신용대출이 갚을 수 있는 범위의 대출인지는 다음 장에서 알아보겠습니다(미리 말씀드리지만 가능한 대출입니다).

광명과 성남(분당구 제외), 하남, 고양, 남양주 등 약한 규제지역인 청약조정대상지역은 역시 자산의 3.3배 가격대 아파트까지 구입할 수 있습니다. 다만 순수 비규제지역처럼 5억 6,666만 원까지는 어렵고 5억 원 아파트까지 가능합니다.

청약조정대상지역의 LTV는 60%인데 부부 연봉 7,000만 원 이하이고 집값 5억 원 이하, 즉 '서민·실수요자'인 경우에 한해 LTV를 70%로 완화해준 것이기 때문입니다. 참고로 청약조정대상지역 기준 서민·실수요자 요건과 투기과열지구 기준 서민·실수요자 요건은 서로 다릅니다.

집값이 5억 원을 넘어갈 경우 LTV가 60%가 됩니다. 예컨대 집값이 5억 1,000만 원인 경우 주택담보대출 한도가 3억 600만 원입니다. 1억 7,000만 원의 자산(순자산+신용대출)을 합쳐도 4억 7,600만 원으로 3,400만 원이 모자랍니다.

부부 연봉이 7,000만 원을 넘거나 집값이 5억 원을 초과하는 경우 청약조정대상지역에서 1억 7,000만 원의 자산을 보유하고 있는 부부는 자산의 2.5배 가격대까지 아파트를 구입할 수 있습니다. 100%에서 LTV 규제비율(60%)을 뺀 비율이 40%이고 이는 특정 금액대 아파트를 구입하기 위해 주택담보대출을 제외하고 필요한 돈이 40%라는 뜻입니다. 100%를 40%로 나누면 2.5입니다. 무주택자라도 과거에 한 차례 이상 주택을 구입한 경험이 있다면 부부 연봉

요건이 7,000만 원이 아니라 6,000만 원으로 낮아집니다. 이처럼 생애최초 주택구입자가 아닌 무주택자의 경우 부부 연봉이 6,000만 원만 넘어도 청약조정대상지역에서 70%가 아닌 60%의 LTV가 적용됩니다.

서울, 세종, 과천, 분당 등 투기과열지구, 6억 원 이하 아파트를 노려라

서울특별시와 세종특별자치시, 경기도 과천시, 경기도 성남시 분당구, 대구광역시 수성구 등 이른바 '투기과열지구' 소재 아파트를 염두에 둔 무주택 실수요자는 6억 원 이하 아파트에 주목하는 게 좋습니다.

다만 서울 25개구 중 강남구, 서초구, 마포구, 양천구 등 11개구와 세종특별자치시는 투기과열지구 중에서도 '투기지역'이라고 분류합니다. 하지만 빚을 내서 집을 사야 하는 무주택 실수요자 입장에서 투기지역인 투기과열지구와 순수 투기과열지구를 구분할 이유는 없으니 이 장에서는 투기과열지구라는 표현만 사용하도록 하겠습니다.

한 번도 집을 사본 경험이 없는 생애최초 주택구입자고 부부 연봉이 8,000만 원 이하인데 구입대상 주택이 6억 원 이하라면 LTV를 기본 규제비율인 40%에서 50%로 끌어올릴 수 있습니다(이는 투기과열지구 기준 '서민·실수요자 요건'으로 청약조정대상지역 기준 요건보다 폭넓은 소득 요건과 집값 요건이 적용됩니다). 즉 자산의 2배 가격대까지 아파트를 구입할 수 있다는 것입니다. 반면 집값이 6억 원을 초과할 경우 40%의 LTV가 적용됩니다.

전세보증금을 포함해 모아둔 돈 1억 원에 연봉이 8,000만 원이라 8,000만 원의 신용대출을 동원할 수 있다면 자산은 1억 8,000만 원이고 자산의 두 배인 3억 6,000만 원의 아파트를 구입할 수 있습니다. 신용등급이 좋거나 우량 직장인이라 신용대출 한도가 연봉의 1.5배인 1억 2,000만 원까지 나온다면 자산은 2억 2,000만 원(자산 1억 원+신용대출 1억 2,000만 원)이므로 4억 4,000만 원짜리 아파트도 구입할 수 있습니다.

부부 연봉이 8,000만 원을 초과할 경우 구입 가능한 아파트 가격대는 자산의 2배에서 1.6배로 떨어집니다. LTV가 50%에서 40%로 강화되기 때문입니다. 따라서 결혼을 앞두고 내 집 마련을 알아보는 예비 신혼부부는 혼인신고를 하기 전에 먼저 주택담보대출을 받아 집을 사두는 게 현명합니다. 미혼자의 부부 합산 연봉에 미래 배우자의 연봉이 합산되지는 않기 때문입니다. 미혼자 자격으로 LTV 50%의 대출을 받아 집을 샀는데 나중에 결혼을 했다고 대출을 회수해가는 일은 없습니다.

부부 연봉이 8,000만 원을 초과했다면 LTV 40%(자산의 1.6배)를 기준으로 구입할 수 있는 아파트를 알아봐야 합니다. 규제로 대출 한도가 줄어들었고 이른바 '서민·실수요자'로 분류되지 못해 규제

주택구입 경험 여부 및 규제유형별 자산 대비 집값한도

구분		생애최초 여부 및 소득·집값 요건		적용 LTV	자산 대비 집값한도
투기 과열 지구	기본 규제 대상	생애최초 주택구입자	부부연봉 8,000만 원 초과 또는(or) 집값 6억 원 초과	40%	자산의 1.6배
		주택구입 경험 있는 무주택자	부부연봉 7,000만 원 초과 또는(or) 집값 6억 원 초과		
	서민 · 실수 요자	생애최초 주택구입자	부부연봉 8,000만 원 이하 그리고(and) 집값 6억 원 이하	50%	자산의 2배
		주택구입 경험 있는 무주택자	부부연봉 7,000만 원 이하 그리고(and) 집값 6억 원 이하		
청약 조정 대상 지역	기본 규제 대상	생애최초 주택구입자	부부연봉 8,000만 원 초과 또는(or) 집값 6억 원 초과	60%	자산의 2.5배
		주택구입 경험 있는 무주택자	부부연봉 7,000만 원 초과 또는(or) 집값 6억 원 초과		
	서민 · 실수 요자	생애최초 주택구입자	부부연봉 8,000만 원 이하 그리고(and) 집값 6억 원 이하	70%	자산의 3.3배
		주택구입 경험 있는 무주택자	부부연봉 7,000만 원 이하 그리고(and) 집값 6억 원 이하		
기타지역(소득, 집값 수준 무관)					

예외로 인정받지 못해 아쉬워할 수 있습니다. 하지만 갚을 수 있는 돈을 빌리지 못한다는 이유로 분노하지 말고 현재 상황에서 자신이 동원할 수 있는 대출이 얼마인지, 갚을 수 있는 대출인지, 월세와 전세, 매매 중 어떤 선택이 자신에게 현명한지 판단하는 과정이 우선돼야 합니다.

연봉이 높은 것은 좋은 일입니다. 갚을 수 있다면 최대한 빌려서 가장 좋은 보금자리를 마련하시기 바랍니다.

실매매가와 KB시세가 다를 때
대출한도 기준은?

부부 연봉 7,000만 원 이하 생애최초 주택구입자는 서민·실수요자로서 70%의 LTV를 적용받아 경기도 고양시 소재 5억 원 이하 아파트를 구입할 수 있습니다. 신용대출을 포함한 자산이 1억 5,000만 원(순자산 1억 원+신규 신용대출 5,000만 원)이라면 1억 5,000만 원의 3.3배에 해당하는 4억 9,500만 원짜리 아파트를 구입할 수 있다는 얘기입니다.

하지만 현실에서는 이보다 구입 가능 아파트 가격대가 내려갈 수 있습니다. 바로 주택담보대출의 한도를 정하는 실제 잣대가 되는 KB시세 때문입니다.

"집값의 70%까지 주택담보대출이 가능하다"고 할 때 '집값'은 실제 매매가(공인중개사 사무실에서 매도인한테 어떤 아파트를 사들이기로 한 매매계약서 상의 가격)와 KB시세 일반평균가 중 낮은 금액입니다.

KB시세는 'KB부동산 Liiv ON' 홈페이지(http://nland.kbstar.com/)나

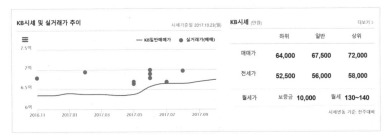

KB시세 및 실거래가 추이 · 시세기준일 2017.10.23.(월)

— KB일반매매가 · ● 실거래가(매매)

	하위	일반	상위
매매가	64,000	67,500	72,000
전세가	52,500	56,000	58,000
월세가	보증금 10,000	월세 130~140	

KB시세 (만원)   더보기 >

시세변동 기준: 전주대비

KB시세 조회화면

모바일앱에서 조회할 수 있습니다. KB시세는 하위평균가와 일반평균가, 상위평균가로 구분되는데 일반평균가는 하위평균가와 상위평균가의 평균값입니다. 참고로 1층에 있는 아파트의 경우 하위평균가를 기준으로 주택담보대출 한도를 계산합니다.

앞서 설명한 자산 대비 집값한도는 자신이 구입 가능한 아파트의 목록을 추려보는 용도로 사용합니다. 순자산이 1억 5,000만 원이고 부부연봉 수준인 7,500만 원의 신용대출을 미리 받아 2억 2,500만 원의 자산을 갖고 있는 생애최초 주택구입예정자 부부의 사례를 들어보겠습니다. 서울 서대문구에 4~5억 원대 아파트를 알아보고 있는데 이 부부의 자산 대비 집값 한도는 4억 5,000만 원(2억 2,500만 원×2배)입니다. 서민·실수요자로 분류되기 때문에 50%의 LTV가 적용된 결과입니다.

공인중개사사무실을 통해 알아본 로열동 15층짜리 매물은 4억 4,000만 원이며, 매도인도 이 가격에 실제로 팔겠다고 합니다. 하지만 부부는 이 아파트를 구입하기 어렵습니다.

KB시세 일반평균가가 실제 매매가보다 2,000만 원 낮은 4억 2,000만 원이기 때문입니다. 50%의 LTV는 실제 매매가와 KB시세 일반평균가 중 낮은 가격인 4억 2,000만 원(KB시세 일반평균가)을 기준으로 적용됩니다. LTV 적용 결과 주택담보대출 한도는 2억 2,000만 원이 아니라 2억 1,000만 원입니다. 신용대출을 포함한 자산 2억 2,500만 원을 합치면 4억 3,500만 원, 즉 500만 원이 부족합니다.

이 경우 부부는 가격이 더 낮은 다른 아파트 단지를 알아보거나 같은 아파트 단지 안의 다른 매물을 찾아보면 됩니다. 같은 아파트 단지 같은 면적·구조의 매물인데 층수가 5층으로 낮아 4억 3,000만 원짜리 매물을 찾았습니다. KB시세는 4억 2,000만 원으로 동일하고, 주택담보대출 한도 역시 2억 1,000만 원으로 동일합니다. 자산과 주택담보대출을 합친 금액에서 아파트 매매대금을 내고도 500만 원이 남습니다.

반대로 실제 매매가가 KB시세보다 낮을 경우 매매계약서 상의 매매가에 LTV 비율을 곱한 만큼 대출한도가 결정됩니다. 이 경우는 미리 계산해본 '자산 대비 집값한도'만큼의 아파트를 구입하는 데 문제가 없습니다.

은행들은 매도인과 매수인이 결정한 가격보다 권위 있는 기관이 공인한 가격을 기준으로 대출한도를 따집니다. 국내 은행들은 KB 국민은행이 제공하는 KB시세를 가장 권위 있는 시세로 보고, KB 시세가 없을 경우 한국감정원이 제공하는 시세를 따집니다. 하지

대출한도 셀프 진단 상황판

구분		예시1	예시2	셀프 진단1	셀프 진단2
희망아파트 소재지		서울 서대문구	경기도 고양시		
규제지역 분류		투기과열지구	청약조정 대상지역		
주택구입 경험		없음	있음		
부부연봉		7,500만 원	6,100만 원		
서민·실수요자 여부 (집값 기준)		해당	해당 안 됨 (주택구입경험有)		
적용 LTV		50%	60%		
자산	순자산	1억 5,000만 원 (전세금+전세대출)	1억 원 (반전세 보증금 + 정기적금)		
	신규 신용대출	7,500만 원	6,100만 원		
	기타(부모지원 등)	없음	없음		
	자산합계(A)	2억 2,500만 원	1억 6,100만 원		
자산 대비집값한도(B)		4억 5,000만 원 (2억 2,500만 원 × 2배)	4억 250만 원 (1억 6,100만 원 × 2.5배)		
희망주택매매가(C) * B 이내에서 물색		4억 4,000만 원	4억 원		
KB시세(D)		4억 2,000만 원	4억 1,000만 원		
주택담보대출한도(E)		2억 1,000만 원 (D×0.5)	2억 4,000만 원 (C×0.6)		
자산+주택대출(A+E)		4억 3,500만 원 (500만 원 부족)	4억 100만 원 (100만 원 여유)		

* 취득세, 등기수수료 등 별도

만 대부분 아파트에는 KB시세가 존재합니다.

통상 인기 지역의 실제 매매가는 KB시세보다 높은 편이고 그 격차는 인기도가 높을수록 커지는 경향이 있습니다. 대출을 많이 받아 아파트를 구입하는 무주택자 입장에서는 이 격차가 너무 큰 아파트를 추천하지 않습니다. 특정 아파트단지를 포기하고 싶지 않다면 같은 아파트를 기준으로 저층·고층 여부나 로열동·비로열동 여부 등 일부 조건을 포기하더라도 KB시세와 실제 매매가의 격차가 없거나 미미한 매물을 찾는 게 좋습니다.

실제 대출실행일(잔금일·입주일)에 임박하면 아파트매매계약 체결일 대비 KB시세가 상승할 수 있습니다. 이 경우 당초 예상보다 더 많은 주택담보대출을 받을 수 있습니다. 하지만 매매계약 체결을 앞두고 자금계획을 수립할 때는 보수적인 관점에서 접근해야 합니다.

5,000만 원으로
3억 원대 아파트 살 수 있을까?

직장생활 5년차, 결혼 3년차, 연봉 5,000만 원 30대 초반 직장인 남성의 예를 들어보겠습니다. 곧 돌을 앞둔 아들을 키우느라 아내는 육아휴직중입니다. 부모에게 일체의 금전적 지원을 받지 않고 열심히 모은 결과 5,000만 원의 현금에 전세자금대출 7,000만 원을 받아 보증금 1억 2,000만 원, 월세 30만 원짜리 반전세 아파트에 살고 있습니다. 생활비가 빠듯하고 다른 저축은 없습니다. 월세는 허공으로 빠져나가는 느낌이고, 전세자금대출은 이자만 내는 방식이라 원금을 갚지 않게 됩니다.

경기도 광명이나 경기도 안양, 군포, 성남시 수정구 등지에 3억 원 전후 아파트를 구입하고 싶은데 최근 대출규제 강화로 엄두가 안 납니다. 충분한 자산을 모을 때까지 기다리자니 집값이 제자리 걸음일 것 같지는 않습니다. 집값이 오르는 국면이니 정부가 규제를 하는 것이라는 얘기도 많이 듣습니다.

30대 초반 나이와 5,000만 원 순자산은 지방은 물론이고 수도권에서도 내 집 마련을 고민하기에 충분한 조건입니다. 정부 규제가 허용하는 범위에서 최대한 빌리되 스스로 갚을 수 있는 빚인지 한 번 더 점검하시기 바랍니다. 결론부터 얘기하면 이 남성은 투기과열지구를 제외한 모든 지역, 비규제지역은 물론이고 광명이나 고양 등 청약조정대상지역에서 3억 3,333만 원짜리 아파트를 구입할 수 있습니다.

집값이 앞으로 오를지 안 오를지, 괜찮은 투자일지 아닐지보다 중요한 것은 이자와 월세만 내는 세입자 생활과 원리금을 갚으며 일정한 시세 상승을 기대할 수도 있는 내 집 마련 간의 비교입니다. 전세자금대출 이자(17만 5,000원, 연 이율 3%)와 월세(30만 원)를 합쳐 47만 5,000원을 임차비용으로 지급할 것이냐, 매월 일정한 원리금을 갚아나가면서 내 집 마련에 나설 것이냐, 금전적 비용과 주거만족도, 안전성 여부를 감안할 때 어느 선택이 최선의 선택인지만 판단하면 됩니다.

직장생활 5년차면 연봉 범위의 신용대출 5,000만 원이 나옵니다. 향후 전세보증금을 돌려받으면 전세자금대출을 제외하고 5,000만 원(순자산)이 남습니다. 이렇게 순자산과 신용대출을 합쳐 1억 원의 자산이 있습니다. 내 집 마련을 결심했다면 신용대출은 미리 받아두시길 바랍니다.

투기과열지구인 서울(구입가능금액 : 자산 1억 원×2배=2억 원)에서는 2억 원 이상 아파트를 구입하기 어렵고 2억 이하 아파트를 찾기도 쉽지 않습니다. 서울은 나중에 갑시다. LTV 비율이 60%인 청약조정대상지역(경기도 광명시, 분당구를 제외한 성남시, 고양시 등)이나 LTV 비율이 70%인 비규제지역으로 눈을 돌려야 합니다.

여기서 한 가지 분명히 짚고 넘어가야 하는 사실은 LTV 규제가 강하다는 이유로 청약조정대상지역을 포기할 이유가 전혀 없다는 점입니다. 연봉이 7,000만 원 이하인 생애최초 주택구입 예정자이고 구입하려는 아파트 가격이 5억 원을 초과하지도 않습니다. 이런 조건을 만족할 경우 광명, 고양 등 청약조정대상지역 기준 '서민·실수요자'로 분류돼 70%의 LTV를 적용받을 수 있습니다.

주택담보대출로 조달할 수 있는 금액이 집값의 70%이므로 나머지 30%는 스스로 마련해야 합니다. 이 30%가 1억 원이니까 집값 한도는 3.3333배(100%÷30%)인 3억 3,333만 원입니다.

3억 3,333만 원짜리 아파트 기준 주택담보대출 한도가 2억 3,333만 원(3억 3,333만 원×70%)까지 나옵니다. 여기에 전세보증금에서 대출을 뺀 금액인 5,000만 원, 미리 받아둔 신용대출 5,000만 원(연이율 3.5%)을 보태면 3억 3,333만 원짜리 아파트를 살 수 있습니다. 물색 끝에 KB시세와 실제 매매가가 각각 3억 3,000만 원인 경기도 고양시 소재 전용면적 59㎡ 아파트를 찾았습니다.

최대 한도인 2억 3,100만 원(3억 3,000만 원×70%)의 주택담보대출을 시중은행에서 받아보겠습니다. 만기 35년, 연 이율 3.2%(5년간 고정금리, 6년차부터 6개월 단위 변동금리), 원리금 균등분할상환(이자와 원금을 합친 금액이 매월 동일하게 책정) 방식을 선택하겠습니다.

5,000만 원으로 3억 원대 아파트 구입 시나리오

구분		금액	비고
자산	순자산	5,000만 원	전세보증금 - 전세대출
	신용대출	5,000만 원	월 이자 14만 5,833원
주택담보대출		2억 3,100만 원	월 원리금 91만 4,987원 (원금 55만 원 + 이자 36만 5,000원)
합계		3억 3,100만 원	
주택가격		3억 3,000만 원	총 월 원리금 106만 820원 (원금 55만 원 + 이자 51만 820원)
예비비		100만 원	

이 경우 매월 납부해야 할 주택담보대출 원리금은 91만 4,987원입니다. 월 평균 55만 원의 원금(1개월차 29만 8,987원~420개월차 91만 2,317원으로 증가), 월 평균 36만 4,987원의 이자(1개월차 61만 6,000원~420개월차 2,432원으로 감소)를 합친 금액입니다.

신용대출의 월 원리금상환액 14만 5,833원을 합치면 총 월 원리금상환액 부담은 106만 820원입니다. 106만 820원 중에서 55만 원은 원금상환으로 자신의 자산을 축적하는 일종의 저축이고 나머지 51만 820원이 월세 격으로 빠져나가는 금액입니다. 반전셋집 월세 및 이자(47만 5,000원)보다 높습니다. 여기에 취득세, 재산세 부담까지 생각하면 반전셋집이 이익일까요?

월세와 매매, 무엇이 이득일까?

보증금 1.2억/월세 30만 원 반전세 35년 거주		3억 3,300만 원 아파트 구입 및 35년 거주	
총월세	1억 2,600만 원	주택담보대출 총이자	1억 5,329만 4,302원
전세자금대출 총이자	7,350만 1,119원	신용대출 총이자	5,600만 770원
총비용	1억 9,950만 1,119원	총비용	2억 929만 5,072원
확보원금	0원	상환(신규확보) 원금	2억 3,100만 원
35년 뒤 순자산	5,000만 원	35년 뒤 순자산	2억 8,100만 원

* 주택담보대출 원리금: 91만 4,987원(1개월차 원금 29만 8,987원, 1개월차 이자 61만 6,000원)

같은 방식으로 35년을 거주한다고 가정하고 결산·비교해보겠습니다. 다른 저축을 하지 않고 대출금리, 월세나 아파트시세는 변동이 없다고 가정하겠습니다(아파트시세가 오른다고 반드시 장담할 수 없는 것 이상으로 월세가 떨어진다고 보장하기 어렵다는 점을 생각해볼 필요가 있습니다).

참고로 5억 원 이하 주택을 구입하는 생애최초 주택구입자이자 결혼 5년 이내 신혼부부에게는 주택금융공사에서 제공하는 디딤돌대출의 금리조건이 좋습니다. 하지만 대출의 절대 한도가 2억 원으로 제한돼 있을 뿐 아니라 최장 만기가 30년이라 이 사례는 일반 시중은행 주택담보대출을 추천합니다.

연봉 4,000만 원에 빚 2억 원, 정말 위험할까?

보유한 순자산에 연봉 수준의 신용대출까지 받아 구입 가능한 아파트 가격대를 얼마나 높일 수 있는지 알아봤습니다.

1억 원의 순자산을 갖고 있고 남편 혼자 4,000만 원을 버는 만 29세 홑벌이 부부는 신규 신용대출 4,000만 원에 주택담보대출 3억 2,200만 원(LTV 70% 적용)을 받아 고양삼송신도시(경기도 고양시, 청약조정대상지역)의 4억 6,200만 원짜리(자산 1억 4,000만 원×3.3배) 아파트를 구입할 수 있습니다.

하지만 대출 총액을 생각하면 두려움이 앞섭니다. 부부 연봉이 4,000만 원인데 신용대출과 주택담보대출을 합치면 빚이 3억 6,200만 원이나 됩니다. 전체 대출 금액이 연봉의 9배를 넘습니다. 대출이 가능하긴 한 걸까요? 설령 은행에서 대출을 해준다고 하더라도 대출을 받아 이렇게 집을 사는 게 맞는 걸까요?

결론부터 말씀드리면, 대출이 가능할 뿐 아니라 마음에 드는 집

만 29세 신혼부부의 빚 내서 집 사기 계획 개요

구분		금액
대출	주택담보대출	3억 2,200만 원
	신용대출	4,000만 원
	총대출액	3억 6,200만 원
순자산		1억 원
집값(KB시세와 일치)		4억 6,200만 원

이라면 이만큼 대출을 받아 아파트를 사도 좋습니다. 갚을 수 없는 빚은 나쁜 빚이라 경계해야 하지만 갚을 수 있는 빚은 좋은 빚이기 때문입니다. 빚이 갚을 수 있는 빚인지 아닌지 따지는 방법은 소득 심사지표인 DTI_{Debt to Income}(총부채상환비율)입니다. DTI는 연간 원리 금상환액을 연간 소득금액으로 나눈 비율입니다. 정부는 이 비율을 지역별 40~60% 이내로 규제하고 있습니다.

LTV가 충족된 주택담보대출 한도도 DTI 요건을 만족하는 범위에서만 대출이 가능하다는 사실을 한 번쯤 언급하지 않을 수 없습니다. 특정 금액의 주택담보대출을 위해서는 LTV 규제, 그리고_{and} DTI 규제를 충족해야 합니다. '또는_{or}'이 아닙니다. 하지만 소득이 있는 직장인이라면 LTV 규제 때문에 대출을 못 받는 경우는 있어도 LTV는 충족하는데 DTI 문제로 대출을 못 받는 경우는 많지 않습니다.

DTI 한도는 60%인데 청약조정대상지역인 경기도 고양시 아파트에는 50%의 DTI가 적용됩니다. 하지만 생애최초로 주택을 구입하는 부부연봉 4,000만 원의 부부에게는 60%의 DTI가 적용됩니다.

DTI(%) = (주택담보대출의 연간 원리금상환액 + 신용대출 등
기타대출의 연간 이자) ÷ 연 소득 × 100

DTI 역시 LTV와 마찬가지로 지역별, 소득수준별 규제비율이 차등적용됩니다. 서울 등 투기과열지구의 DTI는 40%이고 서민·실수요자는 50%로 완화됩니다. 경기도 고양시 등 청약조정대상지역은 50%이고 서민·실수요자는 60%로 완화됩니다. 나머지 비규제지역은 60%입니다.

전국 모든 지역의 모든 주택유형에 일률적으로 적용되는 LTV와 달리 DTI는 2005년 도입 이래 수도권(지방 제외)에 소재한 아파트(단독주택, 연립빌라 등 제외)에만 적용됩니다.

소득심사지표인 DTI는 설령 규제가 없거나 규제수준이 낮더라도 건전한 가계관리를 위해 반드시 규제 수준 이상으로 준수해야 하는 신독愼獨의 지표여야 합니다. LTV는 최대화하되 DTI는 최소화

지역별, 주택구입자 유형별 DTI 규제

구분		생애최초 여부 및 소득·집값 요건		적용 DTI
투기 과열 지구	기본 규제 대상	생애최초 주택구입자	부부연봉 8,000만 원 초과 또는(or) 집값 6억 원 초과	40%
		주택구입 경험 있는 무주택자	부부연봉 7,000만 원 초과 또는(or) 집값 6억 원 초과	
	서민 · 실수 요자	생애최초 주택구입자	부부연봉 8,000만 원 이하 그리고(and) 집값 6억 원 이하	50%
		주택구입 경험 있는 무주택자	부부연봉 7,000만 원 이하 그리고(and) 집값 6억 원 이하	
청약 조정 대상 지역	기본 규제 대상	생애최초 주택구입자	부부연봉 8,000만 원 초과 또는(or) 집값 6억 원 초과	50%
		주택구입 경험 있는 무주택자	부부연봉 7,000만 원 초과 또는(or) 집값 6억 원 초과	
	서민 · 실수 요자	생애최초 주택구입자	부부연봉 8,000만 원 이하 그리고(and) 집값 6억 원 이하	60%
		주택구입 경험 있는 무주택자	부부연봉 7,000만 원 이하 그리고(and) 집값 6억 원 이하	
기타 수도권 지역(소득, 집값 수준 무관)				
지방(규제지역 제외)의 모든 주택유형 수도권 소재 주택 중 아파트가 아닌 주택유형				DTI 미적용

해야 합니다.

갚을 수 있는 빚인지 아닌지 부부의 DTI를 계산해보겠습니다. 정책금융기관인 주택금융공사에서 취급하는 보금자리론을 받기로 하고 예상 은퇴 시점(만 60세)을 감안해 만기를 30년으로 잡았더니 대출금리는 3.25%(2017년 10월 1일 기준)입니다. 매달 같은 금액의 원금을 나눠갚으면서 월 단위 이자를 차차 줄여가는 방식의 '원금균등상환' 방식 기준으로 DTI를 계산해보겠습니다. 참고로 신용대출은 주거래은행에서 연 이율 4%의 마이너스통장 방식 대출을 미리 받아둔 상태입니다.

먼저 주택담보대출에 따른 연간 원리금상환액을 계산하겠습니다. 주택담보대출 원리금상환액 계산은 복잡하기 때문에 은행 애플리케이션이나 홈페이지에서 제공하는 '금융계산기'로 계산해보겠습니다. 대출원금(원 단위)과 만기(개월 단위, 30년의 경우 360개월), 연 이율(%)을 각각 입력하고 거치기간은 '0년'을 입력합니다. 거치기간은 원금은 갚지 않은 채 이자만 내는 기간을 뜻하는데 신규 주택구입용 담보대출은 0년 또는 1년의 거치기간 설정만 가능합니다. 1년의 거치기간을 설정할 경우 가산금리가 붙기 때문에 거치하지 않는 게 좋습니다.

같은 금액의 원금을 매달 갚아나가면 이자가 다달이 줄어들기 때문에 실제 연간 원리금상환액은 해가 갈수록 낮아집니다. 은행에서는 DTI 계산을 위한 연간 원리금상환액을 화면에 보이는 '원금 및 총이자액 합계(4억 7,941만 2,107원)'를 만기(30년)으로 나눠 계산합

금융계산기 사용법

모바일뱅킹 로그인 직후 화면.
'고객센터'를 터치한다.

고객센터 터치 직후 화면.
'금융계산기' 터치한다.

금융계산기 터치 직후 화면.
'대출할부금'을 터치한다.

대출할부금 계산 결과 화면.
월 원리금이 84만 3,207원임을
알 수 있다.

대출할부금 터치 직후 화면.
대출조건을 입력한다.
화면은 대출금 2억 원, 원리금균등
분할상환 방식, 만기 30년(360개
월), 연 이율 3% 입력 기준.

원금균등상환 방식으로 주택담보대출 연간 원리금상환액 계산

대출조건		상환구조	
대출원금	3억 2,200만 원	월 납입원금	89만 4,444원 (변동없음)
연 이율	3.25%	월 납입이자	88만 8,808원(1개월차) ~2,389원(360개월차)
거치기간	0년	월 원리금	178만 3,412원(1개월차) ~89만 6,833원(360개월차)
대출만기	30년	30년간 원리금 합계(A)	4억 7,941만 2,107원
상환방식	원금균등상환	연평균 원리금(A÷30년)	1,598만 404원

니다. 계산 결과는 1,598만 404원. 주택담보대출 때문에 발생하는 연간 원리금상환액입니다.

　2017년 10월 24일 발표된 10·24 가계부채 종합관리방안에 따라 20대 후반·30대 초반 주택 구입자들은 DTI의 분모인 연 소득이 예년보다 높게 산출되고 이로써 DTI가 낮아집니다. 급여소득자 기준 전년도 원천징수영수증 상의 연봉금액 대신 향후 임금상승률을 감안한 사회생활 전반의 평균 소득을 기준으로 은행들이 DTI를 산출할 예정이기 때문입니다. 이 같은 새로운 DTI 산출체계를 '신新DTI'라고 부릅니다. 다만 DTI 심사를 통과할 수 있다는 이유로 DTI 비율을 꽉 채운 주택담보대출이 바람직한지는 신중하게 생각할 필요

원금균등상환방식으로 DTI 계산

분자	1,598만 404원 (주택담보대출 연 원리금상환액)	+	160만 원 (신용대출 연 이자액)	=	1,758만 404원 (연 원리금상환액)	DTI = 44.95% (1,758만 404원 ÷ 4,000만 원 ×100)
분모	연간 소득 4,000만 원					

가 있습니다. DTI 규제와 별도로 스스로 갚을 수 있는 수준의 대출인지 따져보는 자세를 당부하고 싶습니다.

신용대출은 간단합니다. 원금을 따로 갚지 않으니까 대출금 (4,000만 원)에 연 이율인 4%(0.04)를 곱하면 160만 원입니다. DTI의 위쪽에 위치하는 분자分子는 '주택담보대출의 연간 원리금상환액 1,598만 404원 + 신용대출 연간 이자상환액 160만 원 = 1,758만 404원'입니다.

분자를 분모인 연간 소득(4,000만 원)으로 나누고 100을 곱하면 44.95%입니다. 청약조정대상지역의 기본규제비율인 50%를 밑도는 것은 물론이고, 사례의 부부처럼 서민·실수요자에 적용되는 예외비율(60%) 역시 충족합니다. LTV와 DTI를 각각 만족하기 때문에 대출을 받는 데 문제가 없습니다.

정부 규제를 위반하지 않는 대출을 받지만 걱정이 앞섭니다. 연봉이 4,000만 원이니 월 평균 급여는 333만 원가량 됩니다. 첫 해에는 급여통장에서 매달 많게는 178만 3,412원이 주택담보대출 원리

원리금균등상환 방식으로 주택담보대출 연간 원리금상환액 계산

대출조건		상환구조	
대출원금	3억 2,200만 원	월 납입원금	52만 9,281원(1개월차) ~140만 1,276원(360개월차)
연 이율	3.25%	월 납입이자	87만 2,083원(1개월차) ~3,784원(360개월차)
거치기간	0년	월 원리금	140만 1,363원(변동없음)
대출만기	30년	30년간 원리금 합계(A)	5억 449만 952원
상환방식	원리금균등상환	연 평균 원리금(A÷30년)	1,681만 6,365원

금 상환조로 빠져나갑니다. 신용대출 이자(월 13만 3,333원)까지 합치면 매달 원리금상환액은 191만 6,745원입니다. 월급의 약 58% 수준이네요. 아내가 월 141만 6,588원으로 생계를 꾸려나가기 빠듯하다고 아우성입니다.

이 경우 주택담보대출 상환방식을 '원금균등상환방식' 대신 '원리금균등상환방식'으로 바꾸는 방법이 있습니다. 매년 같은 원금을 갚아나가면 이자가 빠른 속도로 줄어드는 대신 초기 원리금상환액 부담이 높습니다. 반면 원리금균등상환방식은 원금 상환액을 조금씩 늘려나가는 방식으로 30년간 갚을 월 원리금을 같은 금액으로 유지합니다.

원리금균등상환 방식에 따라 DTI를 계산해보겠습니다. 먼저 대

원리금균등상환방식으로 DTI 계산하기

분모	1,681만 6,365원 (주택담보대출 연 원리금상환액)	+ 160만 원 (신용대출연 이자액)	= 1,841만 6,365원 (연 원리금상환액)	DTI = 46.04% (1,841만 6,365원 ÷ 4,000만 원 × 100)
분자		연간 소득 4,000만 원		

출조건과 상환구조는 다음 표와 같습니다.

연간 원리금상환액이 1,758만 404원에서 1,841만 6,365원으로 늘어나기 때문에 DTI 역시 44.95%에서 46.04%로 늘어납니다. 여전히 DTI 규제비율을 충족하는 데 문제가 없습니다.

원리금균등상환방식은 원금을 상대적으로 천천히 갚는 만큼 30년간 부담해야 할 총이자액이 원금균등상환방식보다 많다는 단점이 있습니다. 총이자액이 커지는 만큼 DTI도 높아집니다. 대신 원리금균등상환방식은 원금균등상환방식 대비 초기 원리금상환액 부담을 줄일 수 있습니다. 초기 상환부담을 줄이고 싶다면 원리금균등상환방식을 선택하고 중도상환수수료(대출취급 이후 3년간 부과)가 없어지는 4년차부터 자체적으로 원금을 추가납입하면 됩니다.

반면 초기 상환에 문제가 없다면 원금균등상환 방식이 바람직합니다. DTI가 낮아지는 것도 중요하지만 원금을 조금이라도 더 빨리 갚음으로써 총이자액을 줄일 수 있기 때문입니다. 원금균등상환방식은 월 원리금상환액이 다달이 줄어들기 때문에 '체감식 상

원금균등상환과 원리금균등상환 비교

구분	원금균등상환	원리금균등상환
첫달 원금상환액	89만 4,444원 (대출기간 내 변동 없음)	52만 9,281원(이후 점차 증가)
첫달 이자상환액	88만 8,808원(이후 점차 감소)	87만 2,083원(이후 점차 감소)
첫달 원리금상환액	178만 3,412원(이후 점차 감소)	140만 1,364원 (대출기간 내 변동 없음)
30년간 총이자액	1억 5,741만 2,107원	1억 8,249만 952원
30년간 총원리금	4억 7,941만 2,107원	5억 449만 952원
DTI 산출용 연 원리금	1,598만 404원	1,681만 6,365원
산출 DTI(신용대출 4,000만 원 포함 기준)	44.95%	46.04%
장점	총이자액 부담 ↓ 연 평균 원리금 ↓ DTI ↓	초기 상환부담 ↓
단점	초기 상환부담 ↑	총이자액 부담 ↑ 연 평균 원리금 ↑ DTI ↑

환방식'이라고도 부릅니다. 반면 매월 원리금이 늘어나는 '체증식 상환방식'도 있습니다. 총이자액이 지나치게 늘어나는 데다 취급 상품도 많지 않기 때문에 이 책에서 자세히 다루지는 않겠습니다.

LTV와 DTI 모두 정부가 설정한 규제비율을 준수하는 범위에서

상환방식별 상환금액 비교

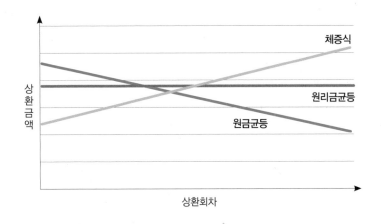

주택담보대출이 가능합니다. 좋든 싫든 준수해야 하는 지표입니다. 하지만 두 지표를 바라보는 주택구입 예정자의 시각이 같을 수는 없습니다. 두 규제지표를 모두 준수한다는 전제 하에 DTI에 무게를 둬야 합니다. 규제지표의 목적이 다르기 때문입니다.

　LTV는 은행 건전성을 보장하기 위한 지표입니다. LTV가 40%라는 얘기는 집값이 당초 구입시점 대비 40% 밑으로 떨어지지 않는 이상 은행이 손해 볼 일이 없다는 뜻입니다. 물론 한 명의 시민사회 구성원으로서 국내 은행의 건전성을 걱정할 필요는 있습니다. 하지만 정부 당국자들은 세계 최고 수준의 LTV 규제를 하고 있습니다.

　6·2 대책과 8·2 대책 이전의 LTV 기본규제비율은 70%인데 이는 홍콩과 싱가포르 등 일부 국가를 제외하고 가장 높은 수준입니

다. 6·2 대책과 8·2 대책에 따라 강화된 40~50%의 LTV는 단연 세계 최고이고 해외 당국자들이 (정부 당국자로서) 부러워하는 대목입니다. 충분히 갚을 수 있는 범위에서 빌릴 수 있는 금액이라면 주택 실수요자 입장에서 LTV는 넘어설 수만 있다면 넘어서고 싶은, 때로는 저항하고 싶은 규제라고 생각될 정도입니다.

하지만 DTI는 경우에 따라서는 의무규제비율보다 강하게 스스로 규율해야 하는 지표입니다. 기본규제비율이 60%라서 은행이 DTI 59.9%에 해당하는 주택담보대출을 해준다고 하더라도 스스로 DTI 비율을 30~40%대 정도만 유지하는 자세가 필요합니다. 연봉 1억 원 안팎의 고연봉자보다 연봉 3,000만 원대의 저연봉자일수록 정부가 허용해주는 수준보다 엄격하게 DTI를 관리할 필요가 있습니다.

그렇다면 어느 정도의 DTI가 가장 적절할까요? 금융감독원에 따르면, 수도권 아파트 구입자의 평균 DTI(2016년 9월 1일 기준)는 33.3%라고 합니다. 2008년 서브프라임 모기지 사태를 겪은 뒤로 주택담보대출 리스크관리를 크게 강화한 미국의 사례를 볼까요? 기본 DTI는 40%이고 고정금리 방식 대출이 아니라 변동금리 방식 대출을 받으면 35%로 강화됩니다. 일정한 소득을 갖고 있는 30~40대 주택 실수요자가 30~40%대의 DTI가 산출되는 주택담보대출을 받는 것은 안전합니다. 계속 얘기하지만, 갚을 수 있는 빚은 여러분에게 안정적인 보금자리를 선사하는 좋은 빚입니다.

향후 금리가 오르면
어떡하나?

한국은행이 금융통화위원회가 2017년 11월 30일 기준금리를 1.25%에서 1.5%로 인상하면서 금리부담 우려가 가중되고 있습니다. 하지만 최소 5년 이상 같은 금리가 유지되는 대부분 주택담보대출 금리에는 이런 금리인상 가능성이 이미 반영돼 있습니다. 흔히들 쓰는 고정혼합형 주택담보대출(5년간 고정금리·6년차부터 변동금리)의 실제 금리수준은 오랫동안 예고돼온 금리인상 가능성을 이미 반영한 것입니다. 은행은 주택구입자에게 주택담보대출을 해줄 때 금고에서 돈을 꺼내 빌려주지 않습니다. 5년짜리 대출이면 같은 기간Duration의 채권을 발행해 돈을 빌려주고 이자의 차이로 이익을 챙깁니다. 5년짜리 금융채 금리는 시장의 향후 5년간 금리전망을 반영한 금리수준, 가령 '금융채 5년물 금리' 같은 시장지표 영향을 받습니다. 한국은행 기준금리가 올랐다고 갑자기 오르지 않는다는 얘기입니다.

그래도 예기치 않은 경제충격으로 금리가 폭등할 것을 우려하는 분들은 30년의 대출기간 내내 같은 금리가 유지되는 '순수고정금리' 방식 주택담보대출을 받으면 됩니다. 디딤돌대출이나 보금자리론, 적격대출 등 주택금융공사라는 정부기관에서 제공하는 이른바 '정책모기지' 대출입니다. 연 3% 전후의 금리로 일단 대출을 실행하고 나면 미국 금리인상이나 IMF(국제통화기금) 구제금융으로 이어진 외환위기 같은 사태로 시중 금리가 연 10%대 이상까지 치솟더라도 연 3% 수준의 금리가 30년 내내 유지됩니다.

정책모기지는 '디딤돌대출'과 '보금자리론', '적격대출' 등 세 가지입니다. 디딤돌대출은 5억 원 이하 집을 살 때 2억 원까지 빌려주고 보금자리론은 6억 원 이하 집을 살 때 3억 원까지 빌려줍니다. 적격대출은 9억 원 이하 집을 살 때 5억 원까지 빌려줍니다. 소득이나 집값 수준에 따라 대출한도가 달라지고 금리도 '디딤돌대출<보금자리론<적격대출' 순으로 높아집니다. 하지만 이 세 가지 방식 상품의 공통점은 대출실행일 이후 대출만기일까지 금리가 한 결 같이 유지된다는 점입니다. 주택금융공사에서 운영하는 상품이지만 실제 대출 신청은 일선 시중은행에서 하면 됩니다.

디딤돌대출과 보금자리론 등 정책모기지는 5억 원이나 6억 원 이하 주택을 대상으로 한 저금리 대출로 많이 알려져 있지만 더욱 주목해야 하는 특징은 30년 동안 최초 실행금리가 변하지 않는 순수고정금리라는 점입니다. 9억 원 이하 주택을 대상으로 한 적격대출은 시중은행 일반 주택담보대출 대비 금리 혜택이 있진 않지만 역시 30년간 순수고정금리가 적용됩니다.

정책모기지 유형별 소득기준 및 집값·대출 한도

구분	디딤돌대출	보금자리론	적격대출
집값 한도	5억 원	6억 원	9억 원
대출 한도	2억 원	3억 원	5억 원
무주택 자격요건	무주택자 한정	무주택자 및 1주택자*	제한 없음
부부연봉 기준	6,000만 원 이하 (생애최초 주택구입자는 7,000만 원 이하)	7,000만 원 이하	제한 없음

* 1주택자는 기존 주택 2년 이내 처분 조건

한국은행 기준금리나 미국 금리가 올랐다고 사후적으로 정책모기지 대출의 금리를 올려달라고 하는 일은 절대로 없습니다. 다만 시중은행 일반 주택담보대출 상품의 최장 만기가 35년인 반면 정책모기지는 대출만기가 30년으로 제한됩니다.

소득수준이나 집값 요건이 맞지 않아 정책모기지 대출을 받을 수 없는 사람들은 일반 시중은행의 5년 고정혼합형 상품이나 변동금리 상품을 이용하면 됩니다. 5년 고정혼합형 상품 역시 시중금리가 급격하게 변동하더라도 5년 동안은 같은 금리가 유지됩니다. 변동금리 상품은 통상 6개월 단위로 금리가 바뀝니다. 시중금리가 상승할 경우 이 영향을 피할 수 없다는 단점이 있지만 시중금리가 떨어지면 그만큼 실제 부담하는 이자부담이 줄어든다는 장점도 있습니다.

아파트 구입 실수요자들이 알아야 할 입지 ABC

내 집 마련을 앞둔 사람들의 고민은 크게 ①교통과 교육, 주거환경 면에서 살기 좋은 아파트는 어디일지 ②해당 아파트의 시세가 향후 떨어지지는 않을지(또는 오를지) ③필요한 자금을 보유자산과 대출 등으로 마련할 수 있을지 등입니다.

이 책은 ③번을 중심으로 다룬 책이지만 살기 좋은 집에 대한 고민과 시세 상승 가능성을 배제할 수는 없는 일입니다. 누구나 좋은 집에 살고 싶고 막대한 자산을 투입한 아파트라는 재산이 일정한 시세 상승으로 이어지기를 바랍니다.

투자자가 아니더라도 그렇습니다.

주요 직장 밀집지역 즉 통근이 원활하고 학군과 주변환경이 우수한 곳이 좋은 주거단지입니다. 좋은 주거단지로 사람이 몰리니 가격도 오릅니다. 이런 얘기를 모르는 사람은 없습니다. 문제는 가격입니다.

이 가격 문제 때문에 많은 부동산 재테크 지침서는 투자자의 관점에서 특정 아파트나 재개발·재건축 단지의 향후 시세 가능성을 따져봅니다. 하지만 실수요자의 접근은 투자자의 접근과 반드시 일치할 수 없습니다.

투자자는 일정 금액의 여윳돈을 아파트 등 부동산에 투자하면서, 만약 그 돈을 정기 예·적금이나 펀드, 주식 등 다른 대상에 투자할 경우 수익률은 어떨지 기회비용을 따져 결정합니다. 반면 실수요자는 보유 현금과 동원 가능한 대출을 감안해 비교적 편안하게 거주할 수 있는 주택을 찾되 전세나 월세라는 다른 거주유형과 비용을 따져 매매 여부를 판단해야 합니다.

이 둘은 뚜렷한 차이점을 지니면서도 근본적인 공통점이 있습니다. 결국 사람들이 몰리는, 거주할 만한 아파트가 투자자 입장에서나 실수요자 입장에서나 유망주라는 사실입니다.

LTV라는 제약선이자 허용선을 최대한 극복·활용하되 DTI, DSR을 최소화는 범위 내에서 '입지'는 실수요자 입장에서도 고려하지 않을 수 없는 중요한 변수입니다.

주요 직장 밀집지역이면서 통근이 용이하고 보육시설과 교육시설, 편의시설이 풍부하며 주변 녹지가 완비된 아파트 단지가 최고의 입지입니다. 투자자들끼리는 '입지 깡패'라는 표현도 씁니다. 문제는 빚을 내야 어렵사리 집을 살 수 있는 보통 사람 대부분은 이런 아파트를 구입할 능력이 안 된다는 점입니다.

세상에 공짜는 없습니다. 얻고자 하면 버려야 합니다. 욕망을 구조조정해야 안정적인 가격흐름을 보이는 보금자리를 제때 얻을 수 있기 때문입니다.

중·고등학교 학군을 포기하라

저출산으로 학령인구가 꾸준히 줄어들면서 주변에 학교를 찾아보기 힘든 주거단지가 점점 증가하고 있습니다. 부자나 투자자뿐 아니라 무주택·1주택 실수요자들에게도 학군은 중요합니다. 여기서 학군은 존재론적 의미의 학군입니다. 즉 학교가 있느냐 없느냐의 문제입니다. 하지만 한정된 자산과 대출능력으로 내 집 마련을 알아봐야 하는 상황이라면 인식론적인 학군, 즉 학군이 좋냐 안 좋냐 문제를 일정 부분 포기해야 합니다.

구체적으로 얘기하면 초등학교의 존재와 통학 거리에 집중하라는 뜻입니다. 인구 폭증기에는 사람들이 몰리는 지역에 학교가 덩달아 생겨났지만 최근 학령인구 감소로 초등학교 신설이 예년보다 크게 줄어들고 있습니다. 초등학교의 중요성은 '아무리 강조해도 지나치지 않다'는 표현이 부족할 정도로 중요합니다. 이는 초등학교 입학을 앞둔 자녀가 없거나 이미 초등학교를 마친 자녀만 있는 사람들에게도 마찬가지입니다.

아파트 구입의 가성비를 높이기 위해서는 초등학교에 집중하되 초등학교 이후, 즉 중학교와 고등학교를 포기해야 합니다. 이유는 간단합니다. 인근 중학교와 고등학교를 염두에 두고 특정 아파트 단지에 입주한다고 해서 당신의 자녀들이 해당 중·고등학교로 진학한다는 보장이 없기 때문입니다. 아파트 단지와 동 별로 진학 대상 아파트가 예측 가능성 있게 정해져 있는 초등학교와 달리 중·고등학교 배정은 추첨입니다. A아파트에 사는 갑순이는 A아파트 인접의 B중학교 대신 6km 떨어진 C아파트 인접의 D중학교에 진학하고 정작 C아파트에 사는 갑돌이는 갑순이네 근처인 B중학교로 진학할 수 있다는 얘기입니다.

갈 수 있을지 장담할 수 없는 학교 때문에 수억 원대 아파트 구입이라는 대사를 그르치면 안 됩니다.

대장주 비사이드 전략을 구사하라

지역별 이른바 '랜드마크Landmark' 격인 아파트 단지의 입지력을 더이상 설명할 필요가 있을까요? 투자자들은 주식시장에 빗대 이런 아파트 단지를 '대장주'라고 부릅니다. 특정 지역 아파트는 크게 대장주 아파트와 비非대장주 아파트로 구분됩니다. 누구나 대장주 아파트에 살고 싶지만 가격이 비쌉니다.

하지만 대장주 아파트 주변을 둘러보면 대장주 아파트 단지에 인접한 이른바 '대장주 비사이드Beside' 아파트의 존재를 알 수 있습니다.

대장주 아파트 단지가 조성되면서 덩달아 생긴 주변 편의시설과 교통 인프라스트럭처, 학군 등을 대장주 비사이드 아파트들이 함께 누릴 수 있고 이른바 '중화中華 아파트'가 '소중화中華 아파트'의 여건 개선, 즉 시세 상승을 견인하는 경우가 많습니다.

예컨대 필자가 살고 있는 서울 지하철 2호선 아현역 일대에는 '마포래미안푸르지오(마포구 아현동)'라는 대장주 아파트가 있습니다. 4단지, 51개동, 3,885세대 규모 일대의 단연 대장주, 랜드마크라 마포 일대 부동산을 좀 아는 사람들은 '마래푸'라고 부릅니다.

이 아파트의 주거여건이 크게 개선되고 시세가 상승하면서 인접 아파트인 공덕래미안5차 아파트 역시 덩달아 시세가 상승하고 있습니다. 멀리서 보면 공덕래미안5차도 넓은 의미의 마래푸라고 해서 공덕래미안5차를 '마래푸 5단지'라고 부르기도 합니다.

이 같은 대장주 비사이드 아파트는 대장주 아파트만큼 시세에 민감하지 않아 상승기에는 상승폭이 대장주보다 낮은 반면 하락기에도 하락폭이 크지 않다는 특성을 갖고 있습니다. 상승폭이 크지 않기 때문에 부동산 거래 때 매도자 우위 성향이 상대적으로 낮다는 것도 장점이라면 장점입니다. 투자 목적 보유 대비 실거주자 비중이 높기 때문에 침체기 조짐이 보여도 안정적인 시세를 구현하는 편입니다.

감당할 수 있는 단점을 포용하라

소중한 가족의 보금자리를 알아보는 데 욕심이 차고 넘치지 않는다면 거짓말입니다. X세대는 1970~1980년대 고도성장기에 태어나 강렬한 소비와 문화 향유의 욕구를 갖고 있습니다. 1990년대 대중매체의 급속한 발달과 2000년대 IT(정보통신) 보급으로 욕망은 빈부를 가리지 않은 채 보편화됐습니다.

단칸방 생활을 감내하면서 동전까지 차곡차곡 모아 절약의 소비로 일가를 이룬 이전 세대와 다릅니다. 이른바 '가치소비'의 시대입니다. 향후 아파트값이 오를지 떨어질지 장담할 수 없지만 '당신이 사고 싶은 그 아파트'는 오를 가능성이 높습니다. 인구 감소와 이같은 가치소비 성향 심화가 맞물리면서 주택 핵심 매력 요소인 입지의 양극화는 영화 〈설국열차〉의 엔진칸과 꼬리칸이 점점 멀어지듯 심해질 수 있습니다.

한 명의 양식 있는 시민사회 구성원으로서 사회경제의 양극화에 분노하는 일과, 합리적인 비용을 들여 보금자리를 제때 구입하는 것은 구분돼야 합니다. 자의든 타의든 정책당국의 양극화 해소 노력은 이뤄질 것이지만 노력, 즉 공급은 상당한 시일을 필요로 합니다.

100세 시대를 맞이했다고 하지만 배우자와 미성년 자녀가 함께 가족 단위 생활을 영위하는 인생의 본론은 생각보다 길지 않습니다. 결국 필요할 때 합리적인 가격으로 내 집 마련에 나서기 위해서는 선택과 집중에 나서야 합니다. 무주택자이자 실수요자인 보통 사람들은 포기할 수 없는 장점에 집중하고 감당할 수 있는 단점을 포용해야 합니다.

직주근접의 초역세권과 조용하고 안락한 녹지환경, 최고의 학군은 모두가 원합니다. 따라서 비쌉니다. 역세권은 시끄럽고 숲세권은 통근이 어렵습니다. '있다, 없다'의 문제가 아닌 '좋다, 나쁘다'의 문제까지 따져 우수한 학군의 아파트는 비쌉니다. 평지는 비싸고 언덕은 상대적으로 덜 비쌉니다.

따라서 무주택 실수요자의 주택구입은 치열한 포기와 간절한 집중의 결과물이 돼야 합니다. 어린 자녀를 키우는 맞벌이 부부는 평지 여부나 학군(특히 중·고등학교), 고층보다 교통, 보육여건, 초등학교·유치원에 집중하는 등 자신에게 절실하지 않은 강점들을 과감히 버리는 방식으로 필요한 강점에 집중해야 합니다.

PART

2

자금효율 극대화!
주택대출 운용의 기술

30년 만기 대출,
20년만 갚고 나머진 주택연금으로?

삼둥이 아빠 하모 씨(40)는 내 집 마련을 앞두고 고민이 많습니다. 맞벌이 부부라 필요한 대출을 받는 데는 문제가 없지만 세 자녀 양육 때문에 생활비가 빠듯합니다. 따라서 대출 만기를 35년으로 늘려 잡아 연간 원리금상환액 부담을 낮추고자 합니다.

문제는 정년이 20년밖에 남지 않았다는 점입니다. 60세에 은퇴하면 15년치의 남은 대출금을 어떻게 갚을지 막막합니다. 은퇴 시점에 집을 팔고 집값이 저렴한 교외나 지방으로 가면 그만이지만 그 사이에 집값이 떨어질까 걱정도 됩니다.

하지만 주택연금 제도를 이용하면 하 씨는 이런 고민에서 해방될 수 있습니다. 주택연금을 '역(逆)모기지'라고 부르기도 합니다.

6억 원짜리 아파트를 갖고 있는데 남편 은퇴시점인 만 60세 때 1억 5,000만 원의 주택담보대출이 남아 있을 수 있습니다. 이 경우 주택연금 취급기관인 주택금융공사는 1억 5,000만 원의 은행 주택담보대출을 상환한 후 잔여분을 연금 가입자에게 매월 45만 원의 연금으로 지급합니다.

극단적으로 얘기하면 만 55세에 주택담보대출을 받아 아파트를 구입했다고 하더라도 만 60세에 남은 주택담보대출을 상환하면서 주택연금 수급도 가능하다는 얘기입니다. 이 같은 '일시상환'을 이용하면 그렇지 않은 경우보다 월 연금지급액이 줄어들겠지만, 은퇴 시점 남은 대출금 상환 걱정으로 내 집 마련 자체를 포기하는 것보다는 주택연금 제도를 염두에 두고 적극적으로 주택구입을 고민하길 추천합니다.

부부 중 연장자가 만 60세인 때부터 주택연금을 신청할 수 있고, 신청일 기준 1개월 이내에 연금 수급이 개시됩니다. 부부 중 연소자는 만 60세보다 어려도 됩니다. 연금은 두 부부가 모두 사망할 때까지 지급됩니다.

남편이 만 60세고 아내가 만 55세일 때 주택연금을 신청했고 신청 당시 주택가격이 7억 원, 남편이 만 85세, 아내가 만 100세까지 생존한다고 가정해보겠습니다. 이 경우 부부는 아내가 사망하기 전까지 매월 109만 3,000원(종신지급방식, 정액형 기준)의 연금을 수령할 수 있습니다. 국민연금이나 공무원연금 같은 공적 연금을 받으면서 별도로 주택연금을 받을 수 있습니다.

주택연금 가입은 부부 기준 1주택자이면서 신청시점 기준 9억 원 이하 주택을 보유한 경우 가능합니다. 다주택자도 보유주택 합산가격이 9억 원 이하인 경우에는 1주택을 담보로 주택연금에 가입할 수 있습니다. 다만 2주택자이면서 보유주택 합산 가격이 9억 원을 초과하는 경우에는 주택연금 수급 개시 3년 이내에 B주택을 처분한다고 미리 약속할 경우 A주택을 기준으로 주택연금을 받을 수 있습니다. 대상주택가격을 9억 원 이하에서 9억 원 초과로 확대하는 법률 개정이 추진 중입니다.

신청 당시 주택가격이 7억 원이었는데 연금 수급 도중 집값이 폭락하더라도 연금액이 줄어들지 않고 당초 받기로 약정한 연금을 그대로 받을 수 있습니다. 이런 위험을 국가가 지는 셈입니다. 최근 늘어나는 수명을 감안하면 연금 수급 기간 안에 재건축·재개발·리모델링 상황이 도래할 가능성이 높은데 이 경우에도 주택연금은 계속 나옵니다.

주택연금을 신청했다고 해서 상속을 기대했던 자녀가 섭섭해 하지는 않을까 걱정하는 사람들도 있을 수 있습니다. 하지만 주택연금은 주택을 통째로 국가에 제공하고 연금을 돌려받는 개념이 아닙니다. 향후 주택연금으로 소요된 비용(월 지급금, 이자, 보증료 등)을 제외한 금액(담보가치 기준)은 상속권자(주로 자녀)에게 상속됩니다.

예컨대 신청 시점 기준 9억 원 가치의 아파트로 만 60세, 만 55세 부부가 주택연금을 신청하면 부부가 모두 사망할 때까지 매월 140만 6,000원의 주택연금을 받습니다. 매월 140만 원씩 주택연금을 25년간 수령할 경우 2017년 10월 적용 이율 기준 연금대출잔액(월 지급금, 보증료, 이자 등의 합계)은 6억 6,426만 6,390원, 30년간 수령할 경우 8억 6,569만 5,235원에 이릅니다.

주택연금 월 지급금 예시

연령	주택가격						
	3억 원	4억 원	5억 원	6억 원	7억 원	8억 원	9억 원
50세	40만 5,000원	54만 원	67만 5,000원	81만 원	94만 5,000원	108만 원	121만 5,000원
55세	46만 8,000원	62만 5,000원	78만 1,000원	93만 7,000원	109만 3,000원	125만 원	140만 6,000원
60세	62만 9,000원	83만 9,000원	104만 9,000원	125만 9,000원	146만 9,000원	167만 9,000원	188만 9,000원
65세	75만 8,000원	101만 원	126만 3,000원	151만 6,000원	176만 8,000원	202만 1,000원	227만 4,000원
70세	92만 4,000원	123만 2,000원	154만 원	184만 9,000원	215만 7,000원	246만 5,000원	277만 3,000원
75세	114만 3,000원	152만 4,000원	190만 5,000원	228만 6,000원	266만 7,000원	303만 3,000원	303만 3,000원
80세	144만 4,000원	192만 6,000원	240만 7,000원	288만 9,000원	336만 2,000원	336만 2,000원	336만 2,000원

* 출처: 주택금융공사. 종신지급방식, 정액형 기준. 2017년 2월 1일 기준.
* 60세(부부 중 연소자 기준), 7억 원 주택 기준으로 매월 146만 9,000원을 종신 수령

주택연금을 25년간 수령하다가 부부가 모두 사망하였고, 그 해이 아파트가 12억 원이 됐다고 가정하면 주택연금에 동원된 약 6억 7,000만 원의 가치를 제외한 약 5억 3,000만 원의 가치는 자녀에게 상속됩니다. 경매나 공매 방식으로 아파트를 처분하고 '6억 7,000만 원+α(경매비용, 이자, 보증료 등)'는 주택금융공사에 상환한 후 나머지 '5억 3,000만 원대−α' 금액을 자녀는 가져갈 수 있습니다.

극단적인 얘기지만, 집값 폭락으로 당초 9억 원이었던 이 아파트가 4억 원으로 떨어졌다고 해도 자녀가 '6억 7,000만 원+α'에서 4억 원을 뺀 금액, 2억 7,000만 원대의 돈을 국가에 보전할 필요도 없습니다. 주택연금은 개인이 부담해야 할 리스크를 국가가 부담함으로써 선량한 주택 실소유자들의 안정적인 노후보장에 기여하고 가계부채의 질적 관리를 도모하는 제도입니다.

신용대출 7,000만 원은
어느 세월에 갚나?

　　LTV, DTI 규제비율을 충족하는 주택담보대출을 제외한 나머지
주택자금 중 일부를 부부연봉 수준의 신용대출을 통해 조달할 수
있다고 앞서 설명한 바 있습니다. 매월 적지 않은 주택담보대출 원
리금을 갚아나가는 와중에 '신용대출은 어느 세월에 상환하나' 하
는 걱정이 들지 않을 수 없습니다.

　　마이너스통장 방식 신용대출의 경우 여윳돈이 생기는 족족 상환
하면 됩니다. 하지만 의무감이 뒤따르지 않기 때문에 효과적인 상
환계획이라고 보기는 어렵습니다. 마이너스통장 방식이 아닌 일반
신용대출의 경우 중도상환수수료 부담이 생깁니다.

원금 분할상환으로 신용대출 갚고 DSR 시대 대비하라

신용대출을 갚는 정도正道는 주택담보대출과 마찬가지로 원금 분할상환입니다. 길게는 5년까지 만기를 두고 원금 균등분할상환 또는 원리금균등분할상환 방식으로 신용대출을 받으면 됩니다.

첫 해에는 이사비용과 취득세, 등기비용으로 원금을 나눠갚는데 부담이 클 수 있습니다. 이 경우 첫 해에는 마이너스통장 등 1년 만기 방식으로 신용대출을 받은 후 만기 시점에 연장하면서 만기와 상환방식을 5년 만기 원(리)금 분할상환 방식으로 변경하면 됩니다. 경우에 따라서는 이 시기를 2~3년 뒤로 늦춰 잡을 수도 있겠습니다.

연봉 7,000만 원인 무주택자 부부가 5억 원짜리 경기도 광명시 아파트를 구입하면서 3억 원의 주택담보대출(연 이율 3.25%, 만기 30년, 원리금균등분할상환)과 7,000만 원의 1년 만기 신용대출(연 이율 3.5%)을 받았다고 가정하겠습니다. 매월 원리금상환액은 151만 9,784원(주택담보대출 130만 5,618원＋신용대출 20만 4,166원)입니다. DTI는 25.9%로 규제비율은 물론이고 수도권 아파트 평균 DTI를 밑도는 '갚을 수 있는 빚'입니다.

취득세도 신용카드 5개월 무이자할부를 통해 모두 납부했고 첫 아파트 입주 기념으로 지른 각종 가구, 가전 비용도 다 치렀습니다. 이제 신용대출을 갚기 시작해보겠습니다. 신용대출 1년 만기가 도래하는 시점에 신용대출 만기와 상환방식을 5년 만기 원리금균등

신용대출 원금분할상환에 따른 총이자액 및 DSR 변화

구분	신용대출 이자만 납부 (1년 만기 대출 5년간 연장)	신용대출 원금 분할상환 (5년 만기 원리금균등분할상환)
3억 원 주택담보대출 월 원리금상환액	130만 5,618원	130만 5,618원
7,000만 원 신용대출 월 원리금 상환액	20만 4,166원 (이자만 납부)	127만 3,422원 (원금 106만 9,256원+이자)
총 월 원리금상환액	151만 9,784원	257만 9,040원
DTI	25.90%	25.90%
5년간 총이자액	1,224만 9,970원	640만 5,300원
5년 이후 신용대출 잔액	7,000만 원	0원(상환완료)
DSR	129%=(주택담보대출 연 원리금+신용대출 원금 7,000만 원+신용대출 연 이자)÷연 소득	44.2%=(주택담보대출 연 원리금+신용대출 연 원리금)÷연 소득

* 주택담보대출은 만기 30년 원리금균등분할상환 연이율 3.25% 기준.
* 신용대출은 연 이율 3.5%, 분할상환 방식은 만기 5년 원리금균등분할상환 기준.

분할상환 방식으로 변경하겠습니다. 매월 20만 4,166원의 이자만 내다가 이제 매월 127만 3,422원의 원리금(1개월차 기준 원금 106만 9,256원, 이자 20만 4,166원)을 내야 합니다. 주택담보대출 원리금상환액까지 합치면 매월 대출 원리금상환액이 257만 9,040원입니다.

원리금상환 부담이 늘어나는 게 사실이지만 원금을 나눠갚으면서 총이자액이 줄어듭니다. 원금을 갚지 않은 채 이자만 5년을 납부할 경우 총이자액은 1,224만 9,970원이고 여전히 7,000만 원의 채무가 남아 있습니다. 반면 원금을 나눠갚을 경우 총이자액은 절반 수준인 640만 5,300원입니다.

이처럼 주택담보대출뿐 아니라 신용대출까지 원금을 나눠갚는 방식을 선택하면 이번 10·24 가계부채 대책으로 본격 도입될 총체적 상환지표 DSRDebt Service Ratio(총부채원리금상환비율) 시대를 대비할 수 있습니다. DTI는 주택담보대출만 원금과 이자를 모두 계산하고 신용대출 등 나머지 대출은 이자만 계산합니다. 반면 DSR은 모든 대출의 원금과 이자를 모두 계산해 소득 대비 상환능력을 측정합니다. DSR은 DTI처럼 40~60%의 비율을 강제적으로 적용해 대출한도를 설정하지는 않지만, 은행들이 자체적으로 150%나 300% 등 적용 기준을 마련할 가능성이 큽니다.

신용대출을 분할상환하기 이전 기준 DSR은 129%입니다. 주택담보대출 연간 원리금과 신용대출 이자뿐 아니라 신용대출의 원금 (7,000만 원)을 모두 계산한 데 따른 수치입니다. 신용대출의 만기가 1년이기 때문에 원금 전체가 연간 상환액으로 잡힙니다. LTV·DTI와 달리 DSR은 현재로선 강제적으로 대출한도를 결정짓는 지표가 아니지만 향후 DSR 도입이 본격화되면서 일부 금융회사들이 엄격하게 DSR 방식 심사에 나설 경우 향후 추가적인 신용대출이나 자동차할부에 어려움이 생길 수 있습니다.

반면 원금을 나눠갚을 경우 DSR은 44.2%입니다. 신용대출의 만기를 5년으로 늘려 잡아 신용대출 기준 연간 원리금상환액이 이자만 납부하는 기준 7,245만 원(원금 7,000만 원+이자 245만 원)에서 1,528만 1,064원으로 5분의 1 수준으로 급감하기 때문입니다. DSR은 스스로 엄격하게 관리할 필요가 있습니다. 갚을 수 있는 범위에서 빌릴 수 있는지 총체적인 파악이 가능하고 결과적으로 원금을 나눠 갚음으로써 총이자액을 줄일 수 있기 때문입니다.

사정상 신용대출 원금 상환 부담을 감당할 수 없다면 원금 중 일부, 예컨대 남편의 4,000만 원 신용대출과 아내의 3,000만 원 신용대출 중 아내의 신용대출 3,000만 원에 대해서만 원금 분할상환 형태로 변경함으로써 원금 상환부담을 낮추는 방법도 있습니다. 남편의 4,000만 원 신용대출 중 일부, 예컨대 2,500만 원만 원금 분할상환 형태로 변경하는 것도 가능합니다.

3년 이후 오른 KB시세로 주택담보대출 다시 받아
신용대출 상환하기

아파트를 구입하고 일정 기간이 경과돼 KB시세가 눈에 띄게 상승한 경우 주택담보대출을 다시 받는 방법이 있습니다. 부부 연봉 8,000만 원인 부부가 2017년 10월 5억 원짜리(KB시세도 5억 원이라고 가정) 서울 서대문구 아파트를 구입하면서 2억 원(LTV 규제비율 40% 적용)의 주택담보대출(만기 30년, 연 이율 3.5%, 원금균등분할상환)

'주택담보대출+신용대출', 주택담보대출로 일원화해보니

구분	주택담보대출+신용대출 (아파트 최초 구입시점 기준)	3년 뒤 신규 주택담보대출로 일원화 (KB시세 상승 후: 5억 원→7억 원)
주택담보대출	(대출액) 총 2억 원 (월 평균 원리금) 84만 8,033원 * 1개월차 115만 275원~ 360개월차 55만 7,153원	(대출액) 총 2억 6,000만 원 * 기존 주택담보대출 1억 8,000만 원 상환 (월 평균 원리금) 110만 2,444원 * 1개월차 149만 5,178원~ 360개월차 72만 4,299원
8,000만 원 신용대출 월 원리금상환액	23만 3,333원 (이자만 납부)	전액 상환 완료
총 월 원리금상환액	108만 1,366원	110만 2,444원
DTI	16.2%	16.5% ※ DSR과 동일
DSR	116.2% = (주택담보대출 연 평균원리금+신용대출 원금 8,000만 원+신용대출 연 이자)÷연소득	16.5% ※ DTI와 동일 = (주택담보대출 연 원리금+신용대출 연 원리금)÷연 소득
총이자액	30년간 1억 8,929만 1,977원	33년간 1억 6,526만 4,917원

* 주택담보대출은 만기 30년 원금균등분할상환 연이율 3.5% 기준.
* 신용대출은 연 이율 3.5% 1년 만기 일시상환방식 기준.

과 8,000만 원의 신용대출을 받았습니다. 중·고등학교에 다니는 두 자녀 교육비와 부모 봉양비용 때문에 신용대출 원금분할상환은 부담이 커 신용대출은 이자만 내고 1년 단위로 만기를 연장해왔습니다. 주택 구입 3년 뒤 신용대출은 언제 갚을지 막막한 상황에서 보유 아파트의 KB시세가 7억 원으로 상승했다는 사실을 알게 됐습니다.

이 경우 부부는 2억 8,000만 원의 새 주택담보대출을 받아 기존 주택담보대출(약 1억 8,000만 원)을 상환하고 남은 약 1억 원의 돈으로 기존 신용대출 8,000만 원을 모두 상환할 수 있습니다.

주택담보대출을 받은 지 3년이 지났기 때문에 기존 대출 상환에 따른 중도상환수수료 부담도 없습니다. 물론 3년에 가까워질수록 중도상환수수료율이 슬라이딩다운Sliding Down 방식으로 낮아지기 때문에 반드시 3년을 기다려야 한다는 강박관념을 가질 필요는 없습니다.

새 주택담보대출을 2억 6,000만 원만 받아도 신용대출을 상환하는 데 문제가 없습니다. 기존 주택담보대출을 상환하고 새로운 주택담보대출을 받는 데 필요한 비용은 등기인지대 7만 5,000원입니다. 대출금 전액을 만기 최장 35년의 주택담보대출로 일원화함으로써 원금을 꾸준히 갚아나가는 구조를 안착시키고 결과적으로 총 이자액 부담도 줄일 수 있습니다.

6억 원 아파트와 6억 1,000만 원 아파트의 놀랄 만한 차이

염두에 둔 아파트 단지에서 '저층이거나 집상태가 상대적으로 떨어지는 6억 원짜리 아파트'와 '고층이거나 집상태가 좋은 6억 1,000만 원짜리 아파트' 중 고민된다면 6억 원짜리 아파트를 우선적으로 고려할 필요가 있습니다. 집값이 6억 원 이하에서 6억 원 초과로 바뀌면서 취득세 부담이 두 배로 늘어나고 서울 등 규제지역에서 대출한도가 축소될 뿐 아니라 정책모기지 가입 자격마저 상실되기 때문입니다.

결정적인 요인은 취득세입니다. 취득세는 매매계약서 상의 매매가(KB시세와 무관)를 기준으로 부과됩니다. 매매가 6억 원 이하인 경우 매매가의 1%, 6억 원 초과 9억 원 이하인 경우 매매가의 2%, 9억 원 초과인 경우 취득세는 3%입니다. 여기에 취득세의 10% 수준인 지방교육세가 함께 부과됩니다. 6억 원 이하는 취득세와 지방교육세를 포함한 합계세율이 1.1%, 6억 원 초과 9억 원 이하는 2.2%,

부동산 취득세와 합계세율

구분			취득세	농어촌특별세	지방교육세	합계세율
주택	6억 원 이하	85㎡ 이하	1%	비과세	0.10%	1.10%
		85㎡ 초과	1%	0.20%	0.10%	1.30%
	6억 원 초과 ~9억 원 이하	85㎡ 이하	2%	비과세	0.20%	2.20%
		85㎡ 초과	2%	0.20%	0.20%	2.40%
	9억 원 초과	85㎡ 이하	3%	비과세	0.30%	3.30%
		85㎡ 초과	3%	0.20%	0.30%	3.50%
주택 외 매매(토지, 건물 등)			4%	0.20%	0.30%	4.60%

9억 원 초과는 3.3%입니다. 아파트 전용면적 85㎡(공급면적 기준 34평) 이하일 때 얘기고 전용면적 85㎡ 초과 때는 0.2%의 농어촌특별세가 별도로 부과됩니다(아파트가 농어촌 소재 아파트냐 여부와 무관합니다).

나이가 지긋한 사람들은 '취등록세'라고 부르는데 이는 과거에는 취득세와 등록세가 별도로 존재했기 때문입니다. 지금은 등록세는 따로 없고 취득세로 통합됐습니다.

취득세율이 6억 원에서 단돈 1만 원이라도 초과하면 취득세·지방교육세 포함(이하 취득세 등) 1.1%에서 2.2%로 껑충 뛰어오릅니

부동산 취득세 계산 예시

매매계약서상 매매가액	총 세금	합계세율 (A + B)	취득세율(A)	지방교육세율(B)
3억 원	330만 원	1.10%	1%	0.10%
5억 9,000만 원	649만 원	1.10%	1%	0.10%
6억 원	660만 원	1.10%	1%	0.10%
6억 1,000만 원	1,342만 원	2.20%	2%	0.20%
8억 9,000만 원	1,958만 원	2.20%	2%	0.20%
9억 원	1,980만 원	2.20%	2%	0.20%
9억 500만 원	2,986만 5,000원	3.30%	3%	0.30%
11억 원	3,630만 원	3.30%	3%	0.30%

* 전용면적 85㎡ 이하 기준

다. 예컨대 매매계약서상 매매가액이 6억 원일 때 취득세 등은 660만 원인데 매매가액이 6억 500만 원이 되면 취득세 등은 1,331만 원입니다. 매매가액이 500만 원 올랐을 뿐인데 취득세 등 부담이 671만 원이나 뛰는 것입니다.

취득세 말고도 6억 원 이하 아파트에 집착해야 하는 이유는 LTV 규제비율 때문입니다.

서울특별시 전역과 경기도 과천시, 세종특별자치시, 경기도 성

5억 원·6억 원을 기점으로 확 달라지는 대출한도

구분	집값	LTV 비율	대출한도
투기과열지구 (서울, 과천 등)	5억 9,000만 원	50%	2억 9,500만 원
	6억 원	50%	3억 원
	6억 1,000만 원	40%	2억 4,400만 원
투기과열지구 아닌 청약조정대상지역 (광명, 고양 등)	4억 9,000만 원	70%	3억 4,300만 원
	5억 원	70%	3억 5,000만 원
	5억 1,000만 원	60%	3억 600만 원

* 투기과열지구는 부부합산 연봉 8,000만 원 이하, 청약조정대상지역은 부부합산 연봉 7,000만 원 이하인 생애최초 주택구입자 기준. DTI 요건은 충족한다고 가정.
* 집값은 매매계약서상 매매가액과 KB시세 일반평균가 중 낮은 금액 기준.

남시 분당구, 대구광역시 수성구 등 투기과열지구에서 LTV 규제비율은 40%입니다. 집값(계약서상 매매금액과 KB시세 일반평균가 중 낮은 금액)의 40%로 대출한도가 제한된다는 얘기입니다. 그런데 부부 합산 연봉이 8,000만 원 이하(생애최초 주택구입자가 아닌 경우는 7,000만 원 이하)인 무주택자로서 주택가격이 6억 원 이하면 LTV 규제비율이 50%로 늘어납니다. 부부 연봉 8,000만 원 이하인 생애최초 주택구입자를 가정하면, 주택가격이 6억 1,000만 원인 경우 대출한도는 2억 4,400만 원(LTV 40%)인 반면 주택가격이 6억 원인 경우 대출한도는 3억 원입니다. 집값이 1,000만 원 낮은데 대출한도는 5,600만 원 늘어나는 셈입니다.

투기과열지구는 아니지만 청약조정대상지역인 경기도 광명시, 고양시 등은 같은 원리로 5억 원 이하 아파트를 우선적으로 고민할 필요가 있습니다. 청약조정대상지역의 LTV 규제비율은 60%인데, 부부합산 연봉 7,000만 원 이하(생애최초 주택구입자가 아닌 경우 6,000만 원 이하)인 무주택자의 경우 집값이 5억 원 이하이면 LTV 규제비율이 70%로 완화되기 때문입니다.

마지막으로 디딤돌대출이나 보금자리론 같은 정책모기지 혜택을 빼놓을 수 없습니다. 매매계약서상 매매금액 기준 6억 원은 대표적인 정책모기지 상품인 보금자리론의 가입 자격을 가르는 중요한 분기점입니다.

보금자리론은 대출 만기(최장 30년)까지 당초 약정한 금리가 한결 같이 유지되는 순수고정금리 정책모기지 상품이라 향후 금리인상을 대비할 수 있다는 장점이 있습니다. 또한 집값 6억 원 초과 9억 원 이하 대상 정책모기지인 적격대출보다 금리가 저렴합니다. 6억 원을 조금이라도 초과하면 보금자리론을 받을 수 없습니다. 집값이 9억 원을 초과하면 보금자리론뿐 아니라 적격대출조차 받을 수 없습니다.

요약하면 6억 원 이하 주택은 취득세 등 세금을 크게 절약할 수 있을 뿐 아니라 연봉 8,000만 원 이하 생애최초 주택구입자의 경우 LTV 규제비율이 낮아져 대출한도가 늘어납니다. 집값이 6억 원을

집값 기준 세금, 대출한도, 정책모기지 혜택 총정리

집값 기준 (매매계약서상 매매금액 기준)	취득세 지방교육세 (전용면적 85㎡ 이하 기준)	LTV 규제비율 (투기과열지구 부부 연봉 8,000만 원 이하 생애최초 주택 구입자 기준)	정책모기지 가입범위
6억 원 이하	1.10%	50%	보금자리론 가입 가능 적격대출 가입 가능
6억 원 초과 9억 원 이하	2.20%	40%	보금자리론 가입 불가 적격대출 가입 가능
9억 원 초과	3.30%	40%	보금자리론 가입 불가 적격대출 가입 불가

넘느냐 여부에 따라 보금자리론 같은 정책모기지 상품의 가입 가
능 여부도 결정됩니다.

따라서 6억 원짜리 아파트나 5억 원 후반대 아파트는 집값이 6억
원을 초과하기 전에 서둘러 구입하는 게 좋습니다. 시장에서 아파
트 가격은 6억 원이라는 저항선을 뚫기 어렵지만, 한 번 돌파하면
저항감 없이 치솟는 경우가 많기 때문입니다.

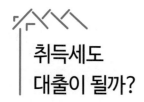

취득세도
대출이 될까?

앞서 언급했듯 주택담보대출은 KB시세와 매매계약서상 매매가 중 낮은 금액의 40~70% 한도에서 가능합니다. 여기서 5억 원짜리 (매매계약서상 매매가 기준) 아파트를 구입할 때 부과되는 550만 원(전용면적 84㎡ 이하 기준 합계세율 1.1% 기준)의 취득세(지방교육세 포함)는 은행 주택담보대출로 빌려주지 않습니다.

별도로 준비된 자금이 있다면 문제가 안 되지만 그렇지 않은 경우 부담스러운 금액입니다. 집값이 6억 원을 넘어서면 세율이 2.2%로 올라가니 최소 1,320만 원의 세금을 내야 합니다. 취득세는 주택구입 이후 2개월 이내에 납부하면 되지만, 주택담보대출을 받는다면 대출실행일(통상 입주일)에 납부해야 합니다. 당장 목돈이 없는데 세금 부담 때문에 내 집 마련을 포기해야 할까요?

그렇지 않습니다. 취득세를 은행이 주택담보대출 형태로 빌려주지는 않지만 신용카드사는 빌려주기 때문입니다. 전형적인 대출 형태가 아니라 최장 10개월의 신용카드 무이자할부 형태입니다.

크게 순수 무이자할부와 부분 무이자할부 형태로 나뉩니다. 순수 무이자할부는 일부 신용카드사에서 길게는 5개월까지 가능합니다. 550만 원(매매가 5억 원 기준)의 취득세(지방교육세 포함)를 주택 구입 다음 달부터 매월 110만 원씩 5개월에 걸쳐 내고 할부수수료가 부과되지 않으니 연 이율 0%로 5개월 동안 분할상환대출이 이뤄지는 셈입니다. 2017년 기준 우리카드와 BC카드, KB국민카드, NH농협카드, 씨티카드 등이 이 같은 5개월 순수 무이자할부 행사를 진행하고 있습니다.

6개월 이상 15개월 이내 무이자할부는 '부분' 무이자할부 형태로 진행됩니다. 카드 할부는 별도의 무이자 행사 옵션이 붙지 않는 이상 소정의 수수료가 부과되는데 1개월차나 1~2개월차의 수수료만 부과하고 2개월차나 3개월차 이후 할부수수료는 면제해주는 방식입니다. 신용카드사에 따라 '슬림할부', '다이어트할부' 같은 표현을 쓰기도 합니다.

취득세는 구입한 주택이 소재한 관할 지방자치단체에 납부합니다. 서울 기준 '서울시 지방세 인터넷 납부시스템 홈페이지(https://etax.seoul.go.kr)나 지방을 포함한 전국 기준 '위택스(https://www.wetax.go.kr) 홈페이지'에서 신용카드사별 무이자할부 조건을 알아볼 수 있습니다.

신용카드 이용한도가 문제될 수 있겠습니다. 신용카드 이용한도가 1,000만 원대, 2,000만 원대에 달하는 사람들은 많지 않습니다.

하지만 취득세 납부 용도로 이용한도를 늘려달라고 신용카드사에 요청하면 한도를 늘려줍니다. 신용카드사 대표번호로 전화를 걸어 상담원을 연결하고 취득세 납부 목적의 이용한도 상향을 요청합니다. 이후 소득금액 증빙서류(주로 전년도 원천징수영수증), 매매 증빙서류(매매계약서 또는 분양아파트의 경우 공급계약서)를 신용카드사 상담원이 안내한 팩스 번호로 송부합니다. 이후 신용카드사는 한 달가량 한도를 일시적으로 늘려줍니다. 예컨대 9억 원짜리 아파트를 구입할 예정인데 취득세를 신용카드로 납부하겠다고 소명하면 취득세(지방교육세 포함) 납부에 필요한 1,980만 원 이상으로 신용카드 한도가 상향됩니다.

일반적으로 취득세는 '소유권이전등기일 이후 2개월 이내에' 납부해야 합니다. 주택담보대출을 받지 않았거나 분양아파트라면 취득세를 입주일에 맞춰 납부할 필요 없이 한두 달 뒤에 납부해도 됩니다. 여기에 신용카드 무이자할부 행사까지 이용하면 목돈이 빠져나가는 시기를 최대한 늦출 수 있습니다.

하지만 주택담보대출을 받으면서 주택을 구입할 때는 주택담보대출 실행일(통상 입주일=잔금일)에 취득세를 지자체에 납부해야 합니다. 통상 은행에서 주택담보대출을 받아 주택을 구입할 때는 소유권이전등기 절차를 은행에서 섭외한 법무사에게 위임하게 됩니다. 주택담보대출을 신청하면서 은행 직원에게 취득세를 신용카드로 납부하겠다고 통보하면 주택담보대출 실행일에 법무사가 취득세 납부에 필요한 전자납부번호를 휴대전화 문자메시지로 주택구

지방세 무이자할부 행사 현황

신용카드사	무이자할부 행사내용
우리카드	5개월 순수 무이자할부
BC카드	
씨티카드	
KB국민카드	5개월 순수 무이자할부 10개월 부분 무이자할부(1·2개월차 수수료 부과)
NH농협카드	
롯데카드	3개월 순수 무이자할부 10개월 부분 무이자할부(1·2개월차 수수료 부과)
신한카드	
전북은행 JB카드	
삼성카드	3개월 순수 무이자할부 12개월 부분 무이자할부(1·2·3개월차 수수료 부과)
하나카드	3개월 순수 무이자할부 15개월 부분 무이자할부(1·2·3개월차 수수료 부과)
현대카드	3개월 순수 무이자할부
수협카드	

* 5만 원 이상 지방세 납부 기준. 2017년 하반기 기준. 서울시 기준.

입자에게 알려줍니다. 서울시 지방세 인터넷 납부시스템 홈페이지(또는 앱)나 위택스 홈페이지(또는 앱)에 접속해 해당 전자납부번호를 입력하고 취득세를 납부하면서 무이자할부가 가능한 범위에서 할부로 취득세를 납부하면 됩니다. 마이너스통장 잔액으로 취득세를 납부할 계획을 갖고 있는 분이라면 신용카드 무이자할부를 통해 마이너스통장 이자를 최소화할 수 있는 셈입니다. 참고로 주택 취득세가 아닌 자동차 취득세 등도 이처럼 신용카드 무이자할부를 활용할 수 있습니다.

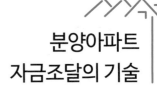

분양아파트
자금조달의 기술

　다른 사람이 5년 전 3억 원에 구입한 아파트를 5억 원에 사자니 억울합니다. 누군가에게 2억 원의 차익을 남겨주면서 시장의 호구가 된 게 아닌가 하는 자괴감도 듭니다. 하지만 이런 감정 때문에 내 집 마련의 적기를 놓치고 차일피일 신규 분양아파트 당첨만 기다리는 것은 현명한 선택이 아닙니다. 30대 또는 40대 초반이면서 자녀수가 2명 이내인 경우 입지나 주거 여건 면에서 우수한 아파트일수록 당첨 확률이 매우 낮기 때문입니다.

　분양아파트는 가점제와 추첨제로 나뉩니다. 먼저 가점제는 무주택기간과 부양가족수, 청약저축 가입기간을 점수화해 당첨자를 결정하는 방식입니다. 무주택기간(15년 이상이 만점인 32점), 부양가족수(6명 이상이 만점인 35점), 청약저축 가입기간(15년 이상이 만점인 17점)에서 모두 만점을 받으면 총점이 84점인데, 50대 중장년을 중심으로 가점이 60점을 웃도는 경우가 많습니다. 특히 30대의 경우 20

청약 가점점수 산정기준표

(단위: 점)

연령	주택가격 3억 원	가점구분	점수	가점구분	점수
① 무주택기간	32	만30세 미만 미혼자	0	8년 이상~9년 미만	18
		1년 미만	2	9년 이상~10년 미만	20
		1년 이상~2년 미만	4	10년 이상~11년 미만	22
		2년 이상~3년 미만	6	11년 이상~12년 미만	24
		3년 이상~4년 미만	8	12년 이상~13년 미만	26
		4년 이상~5년 미만	10	13년 이상~14년 미만	28
		5년 이상~6년 미만	12	14년 이상~15년 미만	30
		6년 이상~7년 미만	14	15년 이상	32
		7년 이상~8년 미만	16		-
② 부양가족수	35	0명	5	4명	25
		1명	10	5명	30
		2명	15	6명 이상	35
		3명	20		-
③ 청약통장 가입기간	17	1년 이상~2년 미만	3	9년 이상~10년 미만	11
		2년 이상~3년 미만	4	10년 이상~11년 미만	12
		3년 이상~4년 미만	5	11년 이상~12년 미만	13
		4년 이상~5년 미만	6	12년 이상~13년 미만	14
		5년 이상~6년 미만	7	13년 이상~14년 미만	15
		6년 이상~7년 미만	8	14년 이상~15년 미만	16
		7년 이상~8년 미만	9	15년 이상	17
		8년 이상~9년 미만	10		-
총점	84	본인 청약가점 점수 = ① + ② + ③			

* 출처: 주택공급에 관한 규칙 [별표2] 2호 나목.

대 초반부터 일찌감치 청약저축 납입을 시작했거나 삼둥이 등 다자녀 가구가 아니라면 인기 지역 분양아파트 당첨이 어렵습니다.

가점 낮은 30대,
분양아파트 집착 말고 기존 아파트부터 구입하자

가점제가 어려운 30대는 추첨제를 노려야 합니다. 추첨제는 말 그대로 랜덤Random이라 무주택기간이나 부양가족수, 청약저축가입 기간 면에서 점수가 낮아도 점수가 높은 사람과 동등하게 경쟁할 수 있다는 강점이 있습니다. 하지만 말 그대로 랜덤이라 당첨을 장담할 수 없습니다.

특히 2017년 8·2 부동산 대책에 따라 서울특별시 전역과 경기도 과천시, 세종특별자치시, 경기도 성남시 분당구, 대구광역시 수성구 등 투기과열지구의 경우 전용면적 84㎡ 이하 아파트는 100% 가점제를 적용해야 합니다. 추첨제로 입주자를 뽑지 않는다는 뜻입니다.

청약조정대상지역의 추첨제 비율도 8·2 부동산 대책 이전 60%(가점제 비율 40%)에서 8·2 대책 이후 25%(가점제 비율 75%)로 낮아졌습니다.

하염없이 분양아파트 당첨을 기다리는 동안 아파트 시세는 하루가 멀다 하고 치솟을 가능성이 그렇지 않을 가능성보다 높습니다. 신규 분양아파트가 아니더라도 이미 지어진 아파트를 일반적인 거

민영주택 가점제 적용비율

구분	전용면적 85㎡ 이하		전용면적 85㎡ 초과	
	8·2 부동산 대책 이전	8·2 부동산 대책 이후	8·2 부동산 대책 이전	8·2 부동산 대책 이후
수도권 공공택지	100%	100%	50% 이하에서 지자체장이 결정	
투기과열지구	75%	100%	50%	50%
청약조정대상지역	40%	75%	0%	30%
기타 지역	40% 이하에서 지자체장 결정		0%	0%

* 출처: 국토교통부 '실수요 보호와 단기 투기수요 억제를 통한 주택시장 안정화 방안'

래 형태로 구입한 후 향후 신규 분양을 노려도 기회는 많습니다.

꾸준히 납입해온 주택청약종합저축이 아까워 일반적인 거래 형태의 주택 구입을 망설이는 사람들이 많습니다. 하지만 분양 당첨이 아닌 방식으로 아파트를 구입해 1주택자가 돼도 청약 요건이 가장 엄격한 서울에서 1순위 자격을 유지할 수 있습니다. 무주택자만큼 문호가 넓지는 않지만 1주택 상태에서도 1순위 자격으로 신규 분양아파트에 사후적으로 입주할 길이 열려 있습니다. 세 자녀 이상 다자녀 가구가 아닌 30대 실수요자는 기존 주택 매매 방식으로 첫 집을 먼저 마련한 후 향후 분양아파트 당첨 기회를 엿보기를 추천합니다.

삼둥이 아빠,
40대 후반·50대는 신규 분양 적극적으로 알아보자

하지만 다자녀 가구나 청약가점이 높은 40대 후반~50대는 넓어진 가점제 문호를 적극적으로 노려볼 만합니다.

분양아파트는 국민주택과 민영주택으로 나뉩니다. 국민주택은 국가나 지자체, LH, 지방공사가 건설하는 전용면적 85㎡ 이하 주택으로서, 청약 대상이 무주택자로 제한돼 있습니다. 투기과열지구와 청약조정대상지역은 청약통장에 가입한 지 2년이 경과하고 24회 이상 납입해야 1순위 청약이 가능합니다.

민영주택은 삼성물산이나 대우건설, 현대건설 등 민간 건설사가 짓는 '래미안', '푸르지오', '힐스테이트' 같은 아파트들입니다. 청약통장 가입 기간이 2년을 경과해야 할 뿐 아니라 청약통장에 납입한 금액의 합계가 지역별·면적별로 일정한 금액을 충족해야 합니다. 청약통장 가입기간이나 납입실적, 예치금액은 특정 분양아파트의 입주자모집공고가 주요 일간신문에 공고되는 날 이미 충족돼 있어야 합니다. 참고로 주택청약종합저축 납입기간과 납입횟수 요건을 충족했는데 민영아파트 청약을 위한 예치금이 부족하다면 한꺼번에 거액을 납입해도 무방합니다. 다만 한 달에 한 번만 납입할 수 있습니다. 따라서 다음 달 입주자모집공고가 예상되는 분양아파트 청약자격을 충족하기 위해 900만 원을 추가로 납입해야 하는 상황이라면 500만 원이 생겼다고 해서 일단 500만 원을 넣고 추가로

주택공급 제1순위 기준: 청약통장 가입실적

구분		국민주택	민영주택
수도권	투기과열지구 청약조정대상지역	2년 경과 24회 이상 납입	2년 경과 기준금액 이상 납입
	일반지역	1년 경과 12회 이상 납입	1년 경과 기준금액 이상 납입
지방	투기과열지구 청약조정대상지역	2년 경과 24회 이상 납입	2년 경과 기준금액 이상 납입
	일반지역	6개월 경과 6회 이상 납입	6개월 경과 기준금액 이상 납입

400만 원을 납입해선 안 됩니다. 900만 원을 조달할 때까지 기다렸다가 한꺼번에 납입하라는 얘기입니다.

분양아파트 분양일정은 '입주자모집공고→청약→당첨자 발표→계약금 납부(통상 분양가의 10%)→중도금 납부(통상 분양가의 60%)→완공 및 잔금납부(통상 분양가의 30%)' 순으로 진행됩니다.

통상 분양가의 10%(간혹 분양가의 20%)인 계약금은 보유현금이나 예·적금 자산으로 조달하거나 부족할 경우 신용대출로 마련하는 게 일반적입니다. 분양아파트 당첨을 위해 사용한 청약통장은 더 이상 사용할 수 없으므로 청약통장은 해지하고 청약통장에 들어 있는 현금을 활용하지 않을 이유가 없습니다(1주택자로서 또 다른 청약을 노린다면 새롭게 청약저축에 가입하면 됩니다).

민영주택 청약 예치기준금액   (단위: 만 원)

전용면적	서울특별시 세종특별자치시 부산광역시	기타 광역시 (인천광역시 등)	특별시·광역시 이외 지역 (경기도 등)
85㎡ 이하	300	250	200
102㎡ 이하	600	400	300
135㎡ 이하	1,000	700	400
모든 면적	1,500	1,000	500

* 주택공급에 관한 규칙 제9조 제3항 [별표2]

중도금은 분양가의 60%를 10%씩 6회에 걸쳐 순차적으로 납부합니다. LTV 규제비율을 충족하는 범위에서 은행 중도금대출이 가능합니다. 서울이나 과천, 세종 등 투기과열지구 아파트의 경우 분양가의 50%(서민·실수요자, 부부연봉 8,000만 원 이내 생애최초 주택구입자)나 40%(서민·실수요자가 아닌 경우)로 중도금대출 한도가 제한됩니다. 이 경우 60%의 중도금 중 10%(서민·실수요자)나 20%(서민·실수요자가 아닌 경우)는 자체적으로 조달해야 한다는 점에 유의해야 합니다.

아파트가 다 지어지고 입주시점이 되면 잔금(통상 분양가의 30%)을 내야 합니다. LTV가 60% 이하인 경우 이미 중도금대출에 LTV 한도를 모조리 소진한 상태기 때문에 잔금은 기존 전세보증금 반환금액 등을 통해 자체적으로 마련해야 합니다.

반면 LTV가 70%인 경우는 중도금대출과 별도로 추가적인 대출을 받을 수 있습니다. 분양가나 KB시세의 70%에 해당하는 금액을 이른바 '잔금대출'이라는 형태로 받아 60%의 중도금대출을 상환하고 30%의 잔금 중 10%를 납입하면 됩니다. 이 경우에도 해결되지 않는 나머지 20%(100%-잔금대출 70%-계약금 10%)는 자체적으로 조달해야 합니다.

분양아파트 잔금대출 역시 기존 아파트 구입을 위한 주택담보대출과 마찬가지로 DTI 요건을 충족해야 합니다. 중도금대출 땐 DTI 심사를 하지 않지만 잔금대출은 DTI 심사를 통과하는 범위에서 대출한도가 나옵니다. 따라서 LTV규제비율이 60%나 70%인 지역 아파트 기준 중도금대출을 분양가의 60%까지 꽉 채워 받았다고 하더라도 소득이 불충분할 경우 잔금대출은 이보다 적게 나올 수 있습니다. 이 경우 분양가의 30%인 잔금뿐 아니라 중도금대출의 일부 대금 역시 자체적으로 조달해야 합니다. 분양아파트 청약 시점부터 자신의 소득수준으로 중도금대출과 잔금대출을 받을 수 있는지 미리 따져봐야 낭패를 면할 수 있습니다.

분양아파트 입주시점의 KB시세가 입주자모집공고 당시 분양가를 웃돌 수 있습니다. 이 경우 잔금대출이 중도금대출보다 많이 나오기 때문에 자금조달 숨통을 틔울 수 있습니다. 예컨대 서울의 분양가 6억 원 아파트 당첨자로서 서민·실수요자인 경우 LTV 비율은 50%입니다. 중도금 3억 6,000만 원 중 3억 원(6억 원×50%)을 중도

분양가 6억 원 서울 분양아파트 대금납부 및 대출 구조

구분 (비율)	금액 (총 6억 원)		조달방식	
			일반 당첨자 (LTV 40%)	서민·실수요자 (LTV 50%)
계약금(10%)	6,000만 원		자체 조달	자체 조달
중도금(60%)	1개월차 10%	6,000만 원	중도금대출 (2억 4,000만 원)	중도금대출 (3억 원)
	2개월차 10%	6,000만 원		
	3개월차 10%	6,000만 원		
	4개월차 10%	6,000만 원		
	5개월차 10%	6,000만 원	자체조달 (1억 2,000만 원)	
	6개월차 10%	6,000만 원		자체조달(6,000만 원)
	중도금 합계		3억 6,000만 원	
잔금(30%)	1억 8,000만 원		자체 조달(잔금대출로 중도금대출 상환)	

입주시점 KB시세 7억 원 가정 때 시나리오

[일반 당첨자] 잔금대출 2억 8,000만 원(중도금대출 2억 4,000만 원 상환)

+

자체조달 1억 4,000만 원

→ 당초 예상 대비 4,000만 원 추가 조달

[서민·실수요자] 잔금대출 3억 5,000만 원(중도금대출 3억 원 상환)

+

자체조달 1억 3,000만 원

→ 당초 예상 대비 5,000만 원 추가 조달

금대출로 납부한 상태에서 입주시점 KB시세가 7억 원으로 산정됐을 경우 잔금대출은 3억 원이 아니라 3억 5,000만 원(7억 원×50%)까지 받을 수 있습니다. 이 경우 잔금대출로 중도금대출을 모두 상환하고도 5,000만 원이 남습니다. 분양가의 30%인 잔금 1억 8,000만 원 전액이 아닌 1억 3,000만 원만 자체적으로 조달하면 된다는 얘기입니다.

하지만 목돈이 오가는 분양아파트 구입은 최악의 시나리오를 가정해 가장 보수적으로 자금계획을 짜야 한다는 점을 우선적으로 명심할 필요가 있습니다. 약 2년 간 분양일정이 진행되는 동안 유비무환의 자세로 여윳돈을 최대한 축적해야 합니다.

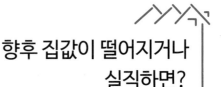

향후 집값이 떨어지거나 실직하면?

외환위기 같은 예기치 못한 충격으로 부동산 시장이 얼어붙어 집값이 떨어질 가능성을 배제할 수는 없습니다. 일시적인 실직으로 꾸준한 소득을 장담할 수도 없습니다.

모든 가능성을 열어두고 신중한 자세를 견지하는 것은 좋은 일입니다. 억대의 대출을 받는 문제는 특히 그렇습니다. 지금의 30대는 유년시절이나 청소년 시절 외환위기 때 부모나 친구 부모의 파산, 실직을 지켜본 경험이 있기 때문에 남다른 트라우마를 갖고 있는 경우도 많습니다.

하지만 무분별한 다주택 투기에 나서지 않는 이상 유사시 경제위기로 길바닥에 나앉을 수 있다는 우려 때문에 적기의 내 집 마련을 포기할 이유는 없습니다. 약정한 대출 원리금을 1년 이상 연체하지 않는 이상 집값 폭락 여부와 무관하게 보유한 주택에 거주하면 그만이기 때문입니다.

먼저 집값 하락 상황을 살펴보겠습니다. 많은 무주택자의 오해 중 하나는 집값이 대출금액 밑으로 떨어질 경우 은행이 대출금을 회수해가는 것 아니냐는 것입니다. 예컨대 5억 원짜리 경기도 고양시 아파트를 구입하면서 3억 원의 주택담보대출을 받은 후 대출금이 2억 8,000만원이 남은 상태에서 시세(담보가치)가 2억 5,000만원으로 떨어진 경우를 생각해보겠습니다.

LTV 기본규제비율이 세계적으로 가장 높은 편인 70%고 최근 서울 등 규제지역의 경우 이 비율이 40%까지 떨어지는 상황에서 이는 매우 극단적인 가정입니다. 대출금이 시세를 웃도는 역진적인 상황이 생긴 것은 맞습니다. 하지만 주택 소유자 겸 채무자는 당초 은행과 약정한 대로 2억 8,000만 원의 대출잔액을 갚아나가면 그만이고 은행이 담보가치가 대출금보다 떨어졌다는 이유로 대출금을 회수할 수는 없으며 새로운 담보제공을 요구할 수도 없습니다.

다만 대출한도 산정을 위해 부부소득을 합산한 경우 연대보증인 문제가 발생할 수는 있습니다. 대출 명의자는 남편인데 아내가 연대보증인이 되는 경우를 생각해볼 수 있습니다. 유사시 연대보증인인 아내의 상환능력이 없는 경우 은행이 민법 제431조 제2항에 근거해 연대보증인의 교체를 요구할 수 있는데, 이러한 점이 주택에 근저당권을 설정하여 대출을 받는 주택담보대출(이른바 '물적 담보')과 소위 인적 담보라고 하는 연대보증 사이의 가장 큰 차이점입니다.

집값이 대출금 이하로 떨어진 경우 집값(담보가치) 초과 대출금은 갚을 필요가 없는, 이른바 '비소구 주택담보대출'이 전면적 도입돼 있지 않다는 이유로 집값 하락에 따른 우려가 불필요하게 증폭돼 있습니다. 책임한정대출이라고도 불리는 비소구 주택담보대출은 연봉 3,000만 원 수준의 저가 주택 구입자를 대상으로 제한적으로 도입돼 있습니다.

비소구 대출은 담보로 잡힌 주택만 반납하면 대출금을 갚지 않아도 되는 일종의 책임한정 대출입니다. 이런 책임한정 대출이 국내에 아직 전면적으로 도입돼 있지 않은 것은 맞습니다. 하지만 현재 일반적인 주택담보대출도 시세가 대출금 아래로 떨어진다고 해서 대출금을 회수해가는 일은 없다는 점 역시 분명하다는 얘기입니다. 아울러 2017년 10·24 가계부채 대책으로 책임한정대출이 점차 늘어날 예정입니다.

다음으로 실직 등으로 당초 DTI 심사를 위해 은행에 제출한 수준의 소득이 유지되지 않는 경우를 살펴보겠습니다. 일단 실직을 했다는 이유로 은행이 주택담보대출의 즉시 상환을 요구하는 경우는 없습니다. 엄연한 대출만기(최장 35년)가 존재하기 때문입니다. 약정한 원리금을 제때 갚기만 한다면 실직을 이유로 주택담보대출을 일시에 상환해야 하는 의무는 발생하지 않습니다.

다만 신용대출의 경우 만기가 1년이기 때문에 만기 도래 시점에 새 직장을 구하지 못하면 신용대출 만기가 연장되기 어렵습니다. 따라서 신용대출과 주택담보대출을 모두 받아 주택을 구입한 사람들은 신용대출부터 상환하는 게 안전합니다. 반면 주택담보대출은 만기가 길기 때문에 대출기간 도중 소득이 없어졌거나 소득 수준이 낮아졌다는 이유로 은행이 일거에 대출금 상환을 요구하지는 않습니다.

일시적인 실직으로 2개월가량 원리금을 연체하더라도 실직 사실을 소명하면 대출계약이 해지되지 않고 1년가량의 유예기간이 주어집니다. 유예기간 동안 적극적으로 구직 활동에 나서면 됩니다.

와병 등으로 실직 상태가 장기간 유지되는 경우에는 보유주택을 매각하거나 전세, 월세 방식으로 임대해 주택담보대출을 상환한 후 안타깝지만 임차료가 저렴한 주택으로 보금자리를 옮겨야 합니다. 이처럼 유사시 신속한 처분을 감안하면 거래빈도가 높은 주택 유형(주로 아파트)을 선택하는 게 바람직합니다.

전세 낀 집 구입하고 향후 입주할 때 주택담보대출 되나?

주택담보대출은 주택을 구입하면서 동시에 해당 주택을 담보로 받는 '신규 주택구입용 담보대출'이 일반적이지만 이미 자신 명의로 보유하고 있는 주택을 담보로 한 대출도 가능합니다.

전세보증금 4억 원으로 임대 중인 5억 5,000만 원짜리 아파트를 주택담보대출 없이 보유자산 1억 5,000만 원으로 구입한 경우도 마찬가지입니다. 실제로 기존 전세계약 만료일과 구입하고자 하는 아파트 입주 가능일을 일치시키지 못해 전세 낀 집을 미리 구입하는 사람들이 많습니다.

구입과 동시에 소유권이전등기가 이뤄지면서 해당 아파트의 주인이 됐고 덩달아 이전 집주인으로부터 임대인 자격을 승계 받았습니다. 이때부터는 전세보증금 4억 원에 대한 '채무자'가 된 것입니다. 채권자는 임차인(세입자)입니다. 임대차 계약기간이 만료하면 집주인인 채무자는 세입자에게 4억 원의 전세보증금을 돌려줘야 할 의무가 발생합니다. 경우에 따라 임대차 계약을 한 차례(2년) 연장할 수도 있겠습니다. 구입과 동시에 해당 주택에 입주하지 않고 2~3년 뒤 사후적으로 입주한 후 2년 간 거주해도 1가구 1주택자 양도소득세 비과세 요건을 달성할 수 있습니다.

임대차 계약을 해지하고 실제 거주할 계획을 세웠다면 세입자에게 임대차계약 해지의사를 계약만료일 1개월 이전에 미리 통보합니다. 이후 최소 보름 이상의 넉넉한 여유기간을 두고 은행에 주택담보대출을 신청합니다. 이때 대출한도는 '매매계약서 상의 매매금액과 KB시세 일반평균가 중 낮은 금액'이 아니라 'KB시세 일반평균가(1층의 경우 하위평균가)에 LTV 비율을 곱한 금액'입니다. 또한 주택 구입 이전 기준 서민·실수요자 자격은 전세 낀 주택을 구입하면서 상실된다는 점에 유의해야 합니다. 투기과열지구 기준 서민·실수요자라 50%였던 LTV는 40%로, 청약조정대상지역의 경우 70%의 LTV는 60%로 각각 강화됩니다.

예컨대 부부연봉 6,900만 원인 생애최초 무주택자 가구가 경기도 고양시 아파트를 5억 원에 구입하면서 기존 전세계약(보증금 3억 5,000만 원)을 승계했다고 가정하겠습니다. 만약 이 부부가 같은 금액의 아파트(KB시세도 동일하다고 가정)를 즉시 입주 목적으로 구입하면서 주택담보대출을 받았다면 대출한도는 3억 5,000만 원(5억원×70%)입니다. 고양시는 청약조정대상지역이라 LTV 기본규제비율이 60%인데 서민·실수요자이기 때문에 LTV 비율이 70%로 완화된 데 따른 것입니다.

신규 주택구입용 담보대출과 전세계약해지용 담보대출 비교

구분	신규 주택구입용 담보대출 (구입과 동시 입주)	전세계약해지용 주택담보대출 (미리 구입한 후 계약만료 시 대출)
대출한도	계약서상 매매가와 KB시세 중 낮은 금액×LTV 비율	KB시세(전세계약해지시점 기준) ×LTV 비율
서민· 실수요자 자격	소득·집값 요건 충족할 경우 서민·실수요자로 인정 (LTV 비율 10%포인트 완화)	대출실행 시점 기준 유주택자라 서민·실수요자 자격 박탈 (기본규제비율 적용)
거치식 대출 가능 여부	불가능 (1년 이내 거치는 허용)	부분적 허용 (LTV 60% 초과 또는 2건 이상 별도 주택담보대출 보유 땐 불가)

하지만 전세를 끼고 이 아파트를 구입한 부부는 더 이상 무주택자가 아닙니다. 즉 서민·실수요자로서 LTV 완화(10%포인트 상향) 혜택을 받을 수 없습니다. 전세계약 해지 시점에 주택담보대출을 신청하는 부부는 LTV 기본규제비율인 60%를 기준으로 주택담보대출을 받을 수 있습니다. 시세에 변동이 없었다고 가정하면 대출한도는 3억 원(5억 원×60%)입니다. 따라서 서민·실수요자 자격을 충족하는 사람들은 전세 낀 주택을 구입하기보다 바로 입주가 가능한 아파트를 신규주택구입용 주택담보대출을 받아 구입하는 게 대출 측면에서 유리합니다.

전세계약 만료 시점 시세가 5억 원에서 5억 5,000만 원으로 올랐을 경우 대출한도는 3억 3,000만 원(5억 5,000만 원×60%)입니다. 당초 주택구입 가격이 5억 원이니 '매매계약서상의 매매금액 5억 원과 KB시세 5억 5,000만 원 중 낮은 금액'(5억 원)을 기준으로 대출한도가 산정되지 않고 온전히 KB시세를 기준으로 대출한도가 산정됩니다. 당초 구입가격보다 KB시세가 떨어질 경우, 예컨대 KB시세가 4억 8,000만 원으로 떨어질 경우 대출한도는 2억 8,800만 원입니다.

신규 주택구입용 담보대출은 원금 분할상환(1년 이내 거치 허용)이 의무적인 반면, 전세 낀 주택을 구입한 후 전세계약만료 시점에 주택담보대출을 받는 경우 1년 초과의 거치식 대출도 가능합니다. 다만 LTV 비율이 60%를 넘거나 또 다른 기존 주택담보대출이 2건 이상 존재하는 경우 1년 초과 거치식 대출이 불가능합니다.

방 한 칸 값을
대출한도에서 뺀다고?

'방房 공제' 개념 역시 정확한 주택담보대출 한도 산정을 위해 이해해둘 필요가 있습니다. 먼저 방 공제라는 생소한 표현부터 짚고 넘어가겠습니다. 가족들이 직접 거주할 목적으로 주택담보대출을 받아 아파트를 구입하는 실수요자 입장에서는 황당한 얘기지만, 방 단위로 세 들어 사는 임차인 보호를 위해 서울 기준 3,400만 원을 대출한도에서 차감한다는 뜻입니다(서울을 제외한 수도권은 2,700만 원, 광역시는 2,000만 원, 나머지 지역은 1,700만 원입니다).

예컨대 부동산매매계약서상 매매가와 KB시세 중 낮은 금액이 5억 원이고 적용 LTV가 50%(서울 소재 아파트 구입 예정자인 서민·실수요자 기준)인 경우 대출한도가 2억 5,000만 원이 아니라 2억 1,600만 원(2억 5,000만 원-3,400만 원)으로 줄어든다는 얘기입니다.

은행 창구 직원이 이 같은 '방 공제'를 이유로 예상했던 대출한도보다 낮은 대출한도를 제시하는 경우가 종종 있습니다. 은행 직원들 얘기가 틀린 말은 아니지만 MCI_{Mortgage Credit Insurance}(모기지신용보험)를 비롯한 보증보험 상품을 이용하면 LTV 최대한도 금액만큼 주택담보대출을 받을 수 있습니다.

방 공제 없이 '매매가와 KB시세 중 낮은 금액'의 50% 전액, 즉 2억 5,000만 원을 모두 빌리고 싶다면 서울보증보험의 MCI나 한국주택금융공사의 MCG_{Mortgage Credit Guarantee} 상품을 활용하면 됩니다. 서울보증보험이나 한국주택금융공사를 찾아갈 필요 없이 은행 대출상담 직원에게 "MCI나 MCG 적용을 희망한다"고 얘기하면 됩니다.

보험이나 보증을 통해 미래의 (또는 가상의) 임차인 보호를 위한 금액을 확보하는 구조입니다. 보험료나 보증료가 발생하는데, MCI의 경우 은행 대부분이 자체적으로 부담합니다.

MCG와 일부 은행의 MCI는 통상 0.1%포인트의 가산금리 형식으로 주택담보대출을 받는 주택구입자가 보험료나 보증료를 부담하기도 합니다. 일부 은행은 MCI나 MCG 연계상품을 운영하지 않으므로 LTV 대출한도 전액을 대출받고자 하는 사람들은 이 상품을 운영하는 대부분의 다른 은행에서 주택담보대출을 받으면 됩니다.

방 공제의 정확한 명칭은 '소액임차보증금 최우선변제'입니다. 일명 '방 빼기'라고도 합니다. 주택담보대출을 끼고 집을 보유한 집주인이 방 중 일부를 임대할 수 있습니다. 이 경우 은행은 담보가액의 100~120%, 임차인(세입자)은 임차보증금 전액을 각각 돌려받을 권리가 있는 채권자가 됩니다.

임대 시점보다 주택담보대출 실행 시점이 앞서는 경우 은행이 임차인보다 선先순위 채권자가 됩니다. 은행이 담보인 집을 경매 등으로 처분하는 게 임차인에게 돈을 돌려주는 것보다 원칙적으로 우선한다는 얘기입니다. 이 같은 원칙에도 불구하고 서민인 세입자(상가의 경우 영세상인)가 서울 기준 3,400만 원까지는 보증금 범위에서 돌려받을 수 있도록 주택임대차보호법과 상가건물임대차보호법이 규정한 제도가 소액임차보증금 최우선변제, 즉 방 공제입니다.

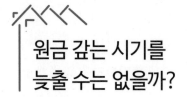

원금 갚는 시기를
늦출 수는 없을까?

길게는 10년 동안 원금은 전혀 갚지 않은 채 이자만 상환하는 '거치식 대출'은 2015년 7월 22일 이른바 '여신심사선진화가이드라인' 도입을 골자로 한 가계부채 종합 관리방안 발표 이후 원칙적으로 금지됐습니다. 은행의 경우 2016년 2월 1일부터 수도권, 같은 해 5월 2일 지방에서 각각 시행됐습니다. 보험사 주택담보대출 역시 같은 해 7월 1일부터 원금 분할상환이 의무화됐습니다.

2016년 11월 24일 발표된 추가 가계부채 대책에 따라 분양아파트 잔금대출 역시 분할상환이 의무화됐습니다. 2017년 3월 13일부터 신협과 단위농협, 수협, 산림조합, 새마을금고 등 2금융권 역시 원금 나눠갚기가 도입됐습니다.

다만 1년짜리 거치식 대출은 여전히 가능합니다. 만기 30년 주택담보대출의 경우 첫 1년간은 이자만 내고 2년차부터 30년차까지 원금을 나눠갚는 방식입니다. 대신 은행이나 보험사는 원금 분

할상환을 장려하기 위해 1년짜리 거치식 대출에 대해 많게는 0.5%
포인트가량의 가산금리를 붙입니다. 순수 분할상환 대출금리가 연
3%라면 1년 거치 방식은 금리가 연 3.5%로 올라간다는 얘기입니
다. 이 가산금리는 거치기간인 첫 해에만 적용되는 게 아니라 거치
가 끝난 2년차부터 30년차까지도 적용됩니다.

불가피한 경우 1년 거치 대출을 신중하게 선택하되 가능하면 첫
해부터 원금을 나눠갚는 게 좋습니다. 가산금리도 문제지만, 원금
상환 시기가 늦어질수록 대출기간 동안 총이자액이 늘어나기 때문
입니다.

신규 주택구입용이 아니라 이미 보유하고 있는 주택을 담보로 한
생활자금대출은 1년 초과 거치식 대출이 가능합니다. 기본금리가
높은 데다 원금상환이 없어 총이자액이 늘어나는 만큼 꼭 필요한
경우가 아니면 대출 실행 즉시 원금을 나눠갚는 게 바람직합니다.

돈 한 푼 없는 사회초년생, 내 집 마련 위해 무엇부터 해야 할까?

"1억 원은커녕 5,000만 원도 없다"고 좌절할 필요는 없습니다. 부모님에게 물려받지 않고 무일푼으로 사회생활을 시작하는 사람이 그렇지 않은 사람보다 훨씬 많습니다. 어느 정도 자리 잡을 때까지 티를 내지 않는 사람들이 대부분이기에 눈에 잘 보이지 않을 뿐입니다. 필자도 그 과정을 겪었고 직업 특성상 소득수준을 떠나 시작이 미약했던 각 분야 흙수저 출신들의 시행착오 과정을 지켜보며 서로의 과정을 공유할 수 있었습니다.

이런 경험을 토대로 사회 초년생들이 주택담보대출을 받아 집을 살 때까지 효과적인 자산 축적 과정을 감히 조언해보겠습니다. '절약을 생활화하자', '자동차 구입은 최대한 미루거나 향후 중고차로 팔기 쉬운 감가상각률이 낮은 인기 중소형차를 구입하자' 같은 조언은 많이 들어봤을 것입니다. 이 책에서는 전세자금대출을 최대화하면서 반전세나 전세로 월세 임차 비용을 최대한 낮추는 한편 전세자금대출 원금 분할상환 방식으로 자산을 축적하는 전략에 대해 얘기해보겠습니다.

월세보다 전세자금대출 받아 반전세로.

예를 들어보겠습니다. 보증금 200만 원에 월세 50만 원인 원룸에서 살고 있는데 월세가 너무 아깝습니다. 혼기가 다 된 여자친구와 서둘러 결혼을 해야 하는 상황입니다.

결혼식 비용은 최소화하고 동원할 수 있는 자산은 주거비를 최소화하는데 '올인'해야 합니다. 직장생활을 한 지 2년 정도 됐다면, 정확히는 1월부터 12월까지 꼬박 근무한 이듬해 2월 월급날이 지났다면, 5년 원금 분할 상환 형태로 신용대출을 받아보겠습니다. 전년도 원천징수영수증에 찍힌 연봉이 3,000만 원(세전연봉 기준)이면 비슷한 규모의 신용대출이 나옵니다. 다만 상시근로자수가 적은 직장은 이보다 적게 나올 수도 있고 대기업은 이보다 훨씬 더 많이 나올 수도 있습니다. 복지가 잘돼 있는 직장의 경우 자체적으로 전세자금대출을 해주기도 합니다.

3,000만 원의 신용대출을 받은 상황으로 돌아가 보겠습니다. 이걸로 보증금을 내고 70만 원의 월세(반월세)를 구할 수도 있지만, 그렇게 하지 말고 3,000만 원에 1억 원가량의 전세자금대출을 받아 보증금 1억 3,000만 원에 월세 20만 원의 '반전세'를 구해보겠습니다.

전세자금대출은 월세 없이 순수 전세보증금만 있는 '올All전세'의 경우만 가능하다는 오해가 있는데 그렇지 않습니다. 월세가 일부 있는 반전세나, 심지어는 월세 비중이 높은 반월세도 보증금의 통상 80%까지 전세자금대출이 됩니다.

월세 70만 원보다 1억 원의 전세자금대출 이자(연 이율 3% 기준 월 25만 원)와 월세(20만 원)를 합친 45만 원이 훨씬 비용 부담이 작기 때문입니다. 연봉이 3,000만 원에 불과한데 1억 원의 전세자금대출이 어떻게 가능할까 궁금해할 수 있지만 가능합니다. 신용대출을 제외하고, 주택담보대출과 전세자금대출 같은 담보대출은 연봉 규모로 단순하게 대출규모를 따지는 게 아니라 연간 이자나 연간 원리금을 벌어들이는 소득으로 갚을 수 있는지 심사해 이뤄지기 때문입니다. 전세자금대출의 경우 연간 이자액이 연봉의 40%를 초과하지 않는 범위에서 전세보증금의 80% 이내로 대출한도가 산정됩니다.

전세보증금(반전세의 보증금 포함)이 1억 3,000만 원이면 80%는 1억 400

만 원입니다. 1억 원의 전세자금대출을 받으면 연 이율 3% 기준 연간 이자액은 300만 원(월 25만 원)입니다. 연봉이 3,000만 원이니 연간 이자액이 연봉의 10%입니다. 전세자금대출을 받는 데 문제가 없습니다.

문제는 전세자금대출 유형 중 이 같은 방식으로 대출한도를 산정하지 않고 연봉의 1~2배 수준으로 대출한도를 제한하는 유형이 있습니다. 은행 창구 직원들이 이 방식의 전세자금대출에 익숙한 편이라 덮어놓고 "필요한 대출이 어렵다"며 선을 긋는 경우가 있는데 대안이 존재하기 때문에 미리 포기할 필요는 없습니다.

전세자금대출도 담보대출입니다. 주택담보대출의 담보는 주택 그 자체인 반면, 전세자금대출의 담보는 보증기관에서 발급해준 보증서입니다. 굳이 표현하자면 '보증서담보대출(보담대)'이라고 할 수도 있겠습니다.

이 보증서 발급기관에 따라 전세자금대출은 ①주택도시보증공사HUG에서 보증서를 발급해주는 버팀목전세자금대출(서민·신혼부부용) ②주택금융공사HF에서 보증서를 발급해주는 전세자금대출 ③SGI서울보증에서 보증서를 발급해주는 전세자금대출 등 세 가지로 나뉩니다(보증서를 보증기관에서 발급해줄 뿐 실제 대출상담 및 실행은 은행에서 하면 됩니다).

이중 주택도시보증공사와 SGI서울보증에서 각각 보증서를 발급하는 ①번 유형(버팀목전세자금대출)과 ③번 유형은 전세자금대출에 따른 연간 이자가 연봉의 40%를 넘지 않으면 됩니다. 반면 ②번 유형은 대출한도가 신용등급에 따라 연봉의 1~3배 내외로 제한돼 있기 때문에 큰 금액의 전세자금대출을 받고 싶다면 SGI서울보증이 운영하는 ③번 유형 대출을 받는 게 맞습니다.

전세자금대출 유형

구분	대출한도	보증금 한도 (수도권 기준)	적용 금리	기타
주택도시 보증공사 (버팀목 전세자금대출)	연 이자가 연봉의 40% 이내 그리고(and) 1억 4,000만 원 이내	수도권 3억 원 지방 2억 원	2.3% ~ 2.9%	부부연봉 5,000만 원 이하 (신혼부부는 6,000만 원 이하) 중도상환 수수료 없음
주택 금융공사	연봉 1~3배 이내로 대출한도 제한 그리고(and) 2억 2,200만 원 이내	수도권 4억 원 지방 2억 원	2.64% ~ 4.07%	중도상환 수수료 통상 부과 (최고 0.7%)
SGI 서울보증	연 이자가 연봉의 40% 이내	5억 원	2.97% ~ 4.30%	중도상환 수수료 통상 부과 (최고 0.7%)

먼저 결혼을 앞두고 있는 결혼예정자나 결혼한 지 5년이 안 된 신혼부부로서 임차보증금 2억 원 이내 아파트 구입을 염두에 둔 연봉 5,000만 원 이내 직장인은 '버팀목전세자금대출'이라는 ①번 유형 전세자금대출이 유리합니다. 금리조건도 좋을 뿐 아니라 중도상환수수료 부담이 없습니다.

전세자금대출을 받아 전세나 반전세 주택을 알아볼 때 잊지 말아야 할 대목은 다가구 주택은 전세자금대출이 안 된다는 점입니다. 번지수가 하나인 주택의 일부를 빌려 쓰면서 독립적인 계량기 없이 수도요금 등을 집주인과 복수의 임차인과 함께 나눠 내는 곳이 이런 경우입니다. 등기부등본상 아파트와 연립주택, 다세대주택, 주거용오피스텔 등으로 정확히 분류돼 있는 곳만 가능합니다. 전세자금대출이 가능한 주택유형인지, 대출이불가능할 정도로 해당 주택에 집주인의 주택대출 담보가 설정돼 있는지미리 알아본 후 전세나 반전세 계약을 해야 합니다.

전세자금대출도 원금 나눠갚아 내 집 마련용 목돈 만들자

다달이 이자만 내는 방식을 선택하고 별도로 적금을 납입해봐야 돈은 쉬이 모아지지 않습니다. 적금이자가 대출이자보다 높지 않기 때문입니다. 신용대출은 물론이고 전세자금대출까지 원금을 나눠갚는 방식이 대출받은 돈을 자신의 순자산으로 만드는 지름길입니다.

사회초년생들은 자신이 몸담고 있는 분야에서 배우고 익히기에도 시간이 모자랍니다. 갚을 수 있는 범위의 빚을 내어 주거비용을 최소화하고 계획대로 원금이 상환되는 모범생의 구조를 만든 후 자신의 분야에서 실력을쌓는 데 에너지를 집중해야 합니다.

신용대출은 통상 만기 5년의 원금균등분할상환(혹은 원리금균등분할상환)이 가능합니다. 신용대출뿐 아니라 전세자금대출도 10년 만기 분할상환이 가능합니다. 일부 은행은 전세자금대출을 분할상환 방식으로 받을 경우 한도를 그렇지 않은 경우 대비 1.2배까지 늘려주기도 합니다.

전세 등 임대차계약은 2년 단위인데 10년 만기 전세자금대출이 가능한지의문을 품을 수 있습니다. 하지만 임대차계약 기간과 무관하게 10년 만기전세자금대출이 가능합니다. 1.5년이나 2년, 2.5년, 4년, 4.5년 등 만기가도래해 전세계약을 해지하거나 한두 차례 연장한 후 해지하거나 중도에 해지해도 전세금이 동일하다면 전세자금대출은 유지되고 분할상환도 주택담보대출이나 신용대출 분할상환과 동일한 방식으로 이뤄집니다. 심지어 전세보증금이 동일한 다른 주택이나 아파트로 이사를 해도 전세자금대출을 그대로 가져갈 수 있습니다.

분할상환 대상 원금도 전세대출 전액을 분할상환 대상으로 하지 않고 전세대출금의 일부만 원금 분할상환 대상으로 설정할 수 있습니다. 일부 은행들이 이 같은 전세자금대출 분할상환 상품을 선보이고 있습니다.

PART

3

아는 만큼 이득!
부동산 제도·규제
공략 노하우

이미 분양 완료된 아파트를
구입하는 방법

이사 갈 아파트를 물색하다보면 모습을 서서히 갖춰가고 있는 신축 아파트를 종종 발견할 수 있습니다. 청약을 통해 당첨된 '분양권자'나 재개발·재건축 이전 상태 단독주택 등(재개발), 아파트(재건축) 원주민이었던 '입주권자'가 들어갈 아파트입니다.

이 아파트의 분양권이나 입주권을 사들여 새 아파트에 입주하는 방법이 있습니다. 분양권이나 입주권을 되파는(전매轉賣) 분양권자나 입주권자에게 해당 분양권, 입주권을 사들이는(전매轉買) 방식을 통하면 됩니다.

대표적인 방식은 분양권 전매입니다. 입주권 전매는 난이도가 높습니다. 따라서 주택거래 경험이 많거나 부동산·금융 분야에 어느 정도 관록이 있는 사람들이 아니라면 입주권보다 분양권 전매를 먼저 검토해보길 추천합니다.

분양권자는 청약에 당첨되고 분양가 10%의 계약금을 납입함으로써 특정 아파트(특정 동·호수)에 입주할 자격을 갖고 있습니다. 이 권리(분양권)를 사고파는 게 분양권 전매입니다.

2016년 11월 3일 이후 입주자모집공고가 난 서울 강남4구(강남구·서초구·송파구·강동구) 민간 아파트와 경기도 과천시 민간 아파트는 같은 날 발표된 대책(11·3 대책)으로 전매가 전면 금지됐습니다. 강남4구가 아닌 서울의 다른 구도 2017년 6월 19일 이후 입주자모집공고분 아파트는 6·19 대책에 따라 전매가 불가능합니다.

하지만 대책 발표 이전 아파트는 전매 방식으로 살 수 있습니다. 예컨대 2015년 10월에 입주자모집공고가 떴고 2018년 9월(예정) 입주를 앞두고 있는 서울특별시 마포구 염리동 45번지 일원의 '마포자이 3차' 아파트는 입주 시점까지 청약통장 보유 여부나 소득 수준, 보유주택수와 무관하게 전매 방식으로 살 수 있습니다.

분양권 전매의 장점은 청약 경쟁 없이 새 아파트에 입주할 수 있다는 점, 그리고 결정적으로 통상 두 달 가량의 입주시점 여유를 누릴 수 있다는 점입니다. 세입자의 경우 기존 전·월셋집 임대차 기간이 끝나는 시점 또는 새 세입자를 구하고 전세보증금을 돌려받는 시점과 새 아파트 입주시점을 정확히 일치시키기 어려운 경우가 많습니다. 하지만 분양아파트는 입주기간이 두 달 가량으로 넉넉하기 때문에 기존 전·월셋집(또는 기존 보유 아파트) 퇴거 시점과 새 아파트 입주시점을 일치시키는 데 큰 어려움이 없습니다.

대신 당초 분양가(원분양가)에 일정한 프리미엄(웃돈)을 내고 사야 하는 경우가 대부분입니다. 분양 시점보다 시세가 하락했을 경우 이른바 '마이너스(−) 프리미엄을 반영한 싼 가격에 구입할 수도 있습니다.

예를 들어, 마포자이3차 전용면적 84㎡A형 11층 이상 매물의 원분양가는 7억 1,000만 원입니다. 분양권자는 2015년 11월 17일, 2015년 12월 17일 두 차례에 걸쳐 7,100만 원의 계약금을 냈고 2017년 12월 18일 기준 60%(4억 2,600만 원, 분양가의 10%씩 6차례 납부)의 중도금 중 50%(3억 5,500만 원, 5차례 납부)를 중도금대출을 받아 납입했습니다. 또한 373만 원의 시스템에어컨 설치비(거실 및 안방 기준, 부가세 포함)의 30%인 111만 9,000원을 이미 납부한 상태입니다.

6개월차 납부일은 2018년 5월 17일로 분양권 전매가 없었을 경우 원분양권자는 이날까지 모두 4억 2,600만 원의 중도금대출을 받게 됩니다. 입주지정일(2018년 9월~2018년 11월 예정)에는 2억 1,300만 원의 잔금과 시스템에어컨 비용 잔액(70%, 261만 1,000원), 중도금대출 이자(후불제, 약 1,000만 원)를 내야 합니다.

이 조건의 아파트를 2017년 12월 말 경 전매 형태로 구입하려면 원분양자가 이미 건설사(GS건설)에 납부한 돈에 프리미엄을 합친 금액을 원분양자에게 지불하면 됩니다. 프리미엄은 시세 수준을 감안해 협의를 거쳐 2억 원으로 결정했다고 간주하겠습니다.

분양권 전매 시점 기준 이미 납부한 금액은 ①계약금(7,100만 원) ②시스템에어컨 비용 30%(111만 9,000원)를 합쳐 7,211만 9,000원입니다. 여기에 ③프리미엄(2억 원)을 더한 2억 7,211만 9,000원이 분양권 전매를 위해 일차적으로 필요한 금액입니다. 여기까지는 분양아파트 구입을 위한 집단대출(중도금대출, 잔금대출)로 조달할 수 없고 보유현금이나 신용대출 등을 통해 자체적으로 마련해야 합니다.

여기에 원분양권자가 이미 납부한 1~5개월차 중도금을 승계해야 합니다. 원분양권자는 3억 5,500만 원의 중도금을 은행 중도금대출을 받아 건설사에 이미 납부한 상태입니다. 분양권 전매 때는 이 중도금대출을 분양권을 사들이는 사람이 승계하게 됩니다.

2017년 8·2 대책 발표 이전에는 LTV 비율이 60~70%라 이 중도금대출 전액을 승계하는 데 문제가 없었습니다. 하지만 8·2 대책으로 LTV 비율이 50%(서민·실수요자 기준) 또는 40%(서민·실수요자가 아닌 사람 기준)로 강화됐습니다. 사례의 아파트 분양가는 6억 원이 넘기 때문에 서민·실수요자 분류가 원천적으로 불가능하고 따라서 LTV 규제비율은 40%입니다. 총 6개월차의 중도금대출(분양가의 60%) 중 1~4개월차 중도금대출(분양가의 40%)만 승계가 가능하다는 얘기입니다.

따라서 이미 대출이 실행된 분양가 50% 수준의 중도금대출 3억 5,500만 원이 아닌 40%(2억 8,400만 원)만 승계가 됩니다. 원분양권자는 규제 이전 중도금대출을 받았기 때문에 분양가의 60% 전액 중도금대출이 가능했습니다. 분양가가 6억 원 이하이고 소득 요건, 무주택 요건을 충족하면 50% 중도금대출 승계도 가능합니다. 투기과열지구가 아닌 경우 중도금대출 전액의 승계가 가능합니다. 또

마포자이 3차 84A형 분양권 전매 자금 시나리오

일정	구분	필요한 금액
2017년 12월 말	분양권 전매비용	① 7,100만 원(계약금) ② 111만 9,000원(시스템에어컨 비용의 30%) ③ 2억 원(프리미엄) ④ 7,100만 원(중도금 5개월차분) 합계 : 3억 4,311만 9,000원 ※ 중도금 1~4개월차분(2억 8,400만 원)은 중도금대출 승계 ※ 중개수수료, 보증수수료 별도
2018년 5월 17일	6개월차 중도금	⑤ 7,100만 원
2018년 9월 30일	입주 당일	⑥ 2억 1,300만 원(분양대금 잔금·분양가의 30%) ⑦ 1,000만 원(중도금이자) ⑧ 261만 1,000원(시스템에어컨 비용의 70%) ※ 중도금대출 2억 8,400만 원은 잔금대출로 전환

[총합계] 9억 2,373만 원	
항목별 구분	**조달방식별 구분**
[분양가] 7억 1,000만 원 [프리미엄] 2억 원 [시스템에어컨] 373만 원 (중도금이자) 1,000만 원	(자체 조달금액, ①~⑧) 6억 3,973만 원 (중도금대출 → 잔금대출) 2억 8,400만 원

한 중도금대출 승계를 위해 수십만 원대의 주택도시보증공사 보증 수수료를 매수인이 부담할 수 있습니다.

매수자는 나머지 10%(7,100만 원)를 현금으로 납부해야 합니다. 이로써 분양권 전매에 필요한 금액은 모두 3억 4,311만 9,000원(계약금 납부분 7,100만 원+시스템에어컨 비용 납부분 111만 9,000원+프리미엄 2억 원+5개월차 중도금 7,100만 원)입니다. 일반적인 아파트 거래와 마찬가지로 '가계약금 납부→계약금 납부→잔금 납부(가령 1,500만 원 →1억 원→2억 2,811만 9,000원)' 순으로 진행되며 통상 계약금 납부와 잔금 납부 사이에 보름 정도의 시차를 두는 게 일반적입니다. 이렇게 3억 4,311만 9,000원을 내고 중도금대출(분양가의 40%)까지 승계함으로써 분양권을 보유하게 됐습니다.

이제 2018년 5월 17일 6개월차 중도금(7,100만 원, 대출불가)을 납부하고 2018년 9~11월 중 입주시점에 아파트 대금 잔금(분양가의 30%, 2억 1,300만 원), 중도금이자(후불제, 1,000만 원 가정), 시스템에어컨 비용 잔액(70%, 261만 1,000원)을 내면 아파트 구입이 완료됩니다. 40%의 중도금대출(2억 8,400만 원)은 같은 금액의 잔금대출로 전환하는 서류작업을 은행과 해야 합니다. 만약 LTV 70%라면 70%의 잔금대출을 받아 60%의 중도금대출을 상환하고 나머지 10%를 아파트 잔금 납부에 사용할 수 있습니다.

시세 상승지역, 중도금대출보다 더 많은 잔금대출도 가능

분양가 7억 1,000만 원에 프리미엄 2억 원을 주고 옵션비(시스템 에어컨, 373만 원)까지 포함해 도합 9억 1,373만 원짜리 아파트를 구입하는 데 대출이 2억 8,400만 원밖에 안 됩니다. 중도금이자까지 포함해 자체적으로 조달해야 하는 돈(신용대출 포함)만 6억 3,973만 원에 달합니다. 부담이 만만치 않습니다.

하지만 이는 가장 보수적으로 접근해 자금을 추산한 데 따른 것입니다. 실제 상황에서는 이처럼 웃돈이 많이 붙은 분양아파트의 경우 입주 시점에 2억 8,400만 원(원분양가의 40%)보다 많은 잔금대출을 받을 수 있습니다. 빠르면 입주 60일 이전에 시세를 반영한 KB시세가 나오기 때문입니다. 원분양가 대비 KB시세가 개별 분양권자나 분양권 매수자가 부담한 웃돈만큼 정확히 올라간다는 보장은 없지만 추세를 반영하는 편입니다. 예컨대 원분양가 7억 1,000만 원이었던 같은 아파트 KB시세가 입주 시점에 8억 5,000만 원(일반평균가 기준)으로 산출됐다고 가정해보겠습니다(해당 지역 공인중개사들이 전달하는 정보를 토대로 KB국민은행이 발표합니다).

중도금대출은 원분양가(7억 1,000만 원)의 40%인 2억 8,400만 원에 불과했지만 잔금대출은 KB시세(8억 5,000만 원)의 40%인 3억 4,000만 원입니다. 대출 가능금액이 5,600만 원 늘어난 셈입니다. 이로써 자체 조달 필요 금액(신용대출 포함)이 6억 3,973만 원에서 5억 8,373만 원으로 줄어듭니다.

취득세 납부와 등기 절차, 놓치지 말아야 할 주의사항

입주 이후 취득세 납부와 등기 절차가 남아 있습니다.

먼저 취득세(지방교육세 포함)는 잔금납부일(통상 입주일) 이후 2개월 이내에 납부하면 된다는 강점을 활용할 필요가 있습니다. 일반적인 아파트 매매의 경우 주택담보대출을 위해 소유권이전등기가 필요하고 소유권이전등기를 위해서는 취득세(지방교육세 포함) 납부영수증이 필요합니다. 즉 매매 완료 시점에 취득세를 내야 합니다. 반면 분양아파트의 경우 잔금납부 2개월 안에만 취득세 등을 납부하면 됩니다. 이건 주택담보대출 없이 구입한 일반 아파트도 마찬가지입니다.

마포자이 3차 사례의 경우 분양아파트의 취득세(지방교육세 포함)는 3,015만 3,090원입니다. 분양가, 프리미엄, 옵션비용(시스템에어컨 등)을 합산한 금액(과세표준, 9억 1,373만 원)에 세율 3.3%(전용면적 85㎡ 이하 9억 원 초과 아파트 기준)를 곱한 금액입니다. 중도금이자는 취득세 계산을 위한 과세표준에 합산하지 않습니다. 세율을 곱하기 이전의 기준금액을 과세표준이라고 합니다.

참고로 마이너스 프리미엄이 붙었을 경우 과세표준에서 마이너스 프리미엄을 차감합니다.

2018년 9월 30일 입주 가정 시 2018년 11월 29일 신용카드 무이자할부로 5개월간 매월 603만 618원씩 분할납부가 가능하다는 점을 알아둘 필요가 있습니다.

분양아파트 취득세(지방교육세 포함) 계산식

일반 계산식	(분양가+프리미엄+옵션비용)×세율(1.1~3.5%)=취득세(지방교육세 포함)
마포자이 3차 사례	(7억 1,000만 원+2억 원+373만 원)×3.3%=3,015만 3,090원

이후 등기 절차가 진행됩니다. 통상 입주일 직후 내지는 3~6개월 뒤에 신규 분양아파트 전체에 대한 '소유권보존등기'가 완료되면 소유자 별로 '소유권이전등기'라는 것을 하게 됩니다. 법무사에게 맡겨도 되고 셀프등기를 해도 됩니다.

등기는 사람으로 따지면 일종의 출생신고 같은 권리관계 확정절차입니다. 소유권이전등기가 나면 은행이 아파트에 담보를 설정할 수 있게 되고 따라서 향후 해당 아파트 구입자들이 정상적인 주택담보대출을 받을 수 있습니다. 분양아파트를 대상으로 취급되는 중도금대출, 잔금대출 등 집단대출은 나중에 소유권보존등기와 소유권이전등기가 날 것을 기대하고 (만에 하나 등기가 못 날 수도 있다는 위험을 무릅쓰고) 은행이 진행하는 일명 '후취後聚담보대출'입니다.

마지막으로 분양권 전매 계약 때 놓치지 말아야 할 사항을 정리해 보겠습니다.

먼저 분양권 전매에 따른 등기인지대입니다. 두 명 이상이 재산 이전과 관련된 계약서를 작성할 때는 통상 15만 원(계약금액 1억 원 초과 10억 원 이하 기준)의 인지대금을 납부해야 하는데 계약당사자 2

명이 나눠 냅니다.

분양권 전매의 경우 인지대는 총 30만 원이 소요됩니다. 건설사와 원분양권자 A가 내야 할 15만 원, 원분양권자 A와 분양권 매수인 B가 내야 할 15만 원 등 총 30만 원입니다. 그런데 중개인이 등기인지대에 대해 제대로 안내하지 않는 경우가 종종 있기 때문에 이 30만 원을 모두 분양권 매수인이 부담하는 경우가 많습니다. 30만 원 중 22만 5,000원(최초 거래분 15만 원 및 전매거래 기준 매도인 부담분 7만 5,000원)은 분양권 매수인이 낼 이유가 없습니다. 분양권 전매거래 때 22만 5,000원을 매수인에게 꼭 받을 수 있도록 가계약 시점에 미리 다짐 받아두시길 바랍니다.

다음으로 중도금 후불제 분양아파트 전매 거래 때 중도금이자와 양도소득세 부담 주체에 대해 짚고 넘어가겠습니다. 중도금이자는 특별한 사정이 없다면 중도금대출을 받은 기간에 따라 분양권 매도인(원분양권자)과 분양권 매수인이 분담하는 게 원칙입니다. 하지만 어디까지나 협의 사항이고 매도인 우위 상황에서는 매수인이 중도금이자를 전액 승계하는 경우가 많은 게 관행입니다. 시세 상승기 지역 아파트 분양권을 전매 방식으로 사들이면서 중도금이자를 전액 부담하는 경우가 많습니다. 반대의 경우 매도인이 본인 부담분을 직접 내기도 합니다.

하지만 양도소득세는 관행의 문제만으로 치부하기 어렵습니다. 현실에선 강한 매도인 우위 상황에서 매도인이 부담해야 할 수천만 원의 양도소득세를 매수인에게 전가시키는 요구가 자주 이뤄집니다. 하지만 이는 매도인이 내야 할 양도차익에 대한 소득세를 매수인이 대신 내주는, 즉 편법 증여나 다름없기 때문에 지양해야 합니다. 양도소득세를 전가하지 않는 대신 다운계약서(실제 매매금액보다 낮은 금액을 매매계약서에 기재) 작성을 요구하는 경우도 있는데 이런 요구는 즉시 메모하거나 녹취해 관할 당국에 불법 다운계약서 요구 행위를 신고하시기 바랍니다. 현실에서는 매도인의 양도소득세 부담과 매수인의 구입 의지를 감안해 매매가격, 즉 프리미엄을 절충하는 협상이 이뤄집니다. 어디까지가 허용되는 관행이고 어디까지가 불법인지 분명히 인지할 필요가 있습니다.

1주택자 되면 서울 분양아파트 당첨이 어려워질까?

분양아파트 1순위 청약자격을 상실할까 두려워 기존 주택 매입을 망설이는 사람들이 많습니다. 하지만 1주택자도 서울 분양아파트 1순위 자격으로 청약에 나설 수 있습니다. 무주택 가점이 '0점'이 되고 전용면적 85㎡ 이하 추첨제 청약에서 배제될 뿐 1순위 자격 자체가 상실되는 게 아니기 때문입니다.

1주택자에게도 열려 있는 민영주택 1순위 추첨제 청약기회

구 분	전용면적 85㎡ 이하	전용면적 85㎡ 초과
투기과열지구	0%(불가)	50%
청약조정대상지역	25%	70%
기타 지역	최소 60%	100%

규제지역, 전용면적 85㎡ 초과 추첨제를 노려라

1주택자는 서울특별시와 경기도 과천시, 세종특별자치시 같은 투기과열지구나 경기도 광명시, 고양시, 하남시 등 청약조정대상 지역에 소재한 전용면적 85㎡ 초과 아파트 청약을 무주택자보다 비교적 여유 있게 노려볼 만합니다.

1주택자는 이미 특정 지역 일대의 전반적인 주택가격 상승 대열에 합류한 상태입니다. 무주택자와 비교하면 원하는 지역, 면적대 아파트 청약에 당장 당첨되지 않는다는 이유로 안절부절 못할 이유가 없는 편입니다. 투기과열지구의 경우 50%의 추첨제, 청약조정대상지역은 70%의 추첨제 문호를 비교적 느긋한 마음으로 두드려볼 수 있습니다.

대신 전용면적 85㎡ 초과, 즉 이른바 '중대형' 아파트 수요가 높은 지역을 중심으로 선별적으로 청약에 나서는 게 바람직합니다. 어차피 무주택 서민들은 구입하기 어려운 가격대의 아파트들입니다.

전용면적 85㎡ 초과 아파트 청약을 위해서는 청약저축 가입기간 (2년 이상 경과 등) 요건뿐 아니라 청약 예치금 총액 요건도 만족해야 합니다. 서울과 세종, 부산의 경우 1,000만 원, 경기도는 400만 원 이상의 예치금을 입주자모집공고일 이전에 미리 마련해두길 추천합니다. 서울, 세종, 부산 기준 600만 원, 경기도 기준 300만 원 이상 예치금으로도 전용면적 84㎡ 초과 전용면적 102㎡ 이하 아파트 청약이 가능합니다. 하지만 이 면적대 분양은 흔치 않기 때문에 예치금을 서울 등 기준 1,000만 원 이상 마련해두는 게 현명합니다. 흔히 말하는 40~50평대 아파트 대부분은 전용면적이 110㎡를 초과하고 135㎡ 이하인 경우가 대부분이기 때문입니다.

2017년 8·2 대책에 따라 분양아파트 잔금대출에 소득심사(DTI 심사)가 의무화돼 소득이 없거나 불충분한 '좀비 투자자'의 수요가 줄어들게 됐습니다. 또한 6·19 대책(2017년)과 8·2 대책으로 서울 등 투기과열지구와 광명 등 청약조정대상지역의 분양권 전매제한까지 크게 강화되면서 실거주 목적 청약통장 보유자의 당첨 가능성이 두 대책 이전보다 높아졌습니다.

대출한도 부족한데 일산 4억 원 아파트에서 서울 8억 5,000만 원 아파트로 갈아탈 수 있을까?

대출 없이 경기도 고양시에 4억 원짜리 아파트를 보유하고 있는 부부연봉 8,000만 원 수준 30대 후반 부부의 실제 사례입니다. 서울 서대문구 8억 5,000만 원짜리 아파트에 입주하기로 마음을 먹었지만 주택담보대출 한도가 3억 4,000만 원에 불과합니다. 기존 아파트 매각대금(4억 원)과 신용대출(8,000만 원)을 합쳐도 3,000만 원이 부족합니다. 하지만 서대문구 아파트 시세가 앞으로 오를 것 같아서 하루빨리 미리 사두고 싶습니다.

2017년 6·19 대책 이전이었다면 주택담보대출 한도는 5억 9,500만 원, 6·19 대책 이후 2017년 8·2 대책 이전을 기준으로 주택담보대출 한도는 5억 1,000만 원으로 자금이 전혀 부족하지 않았습니다. 하지만 8·2 대책에 따라 서울 등 투기과열지구의 LTV 비율이 40%로 강화되면서, 규제 강화 이전에 미리 아파트를 갈아타지 않은 게 후회됩니다. 정말 이 부부는 서울 아파트 구입을 포기해야 할까요?

결론부터 말하면, 그렇지 않습니다. 부부는 투기과열지구가 아닌 약한 규제지역(청약조정대상지역)인 고양시 아파트의 LTV 비율이 60%라는 점을 십분 활용할 필요가 있습니다. 상대적으로 높은 LTV를 적용받는 고양시 아파트를 담보로 주택담보대출을 받아 서울 아파트 전세계약을 승계하면서 구입한 후 3년가량 돈을 모아 입성을 노리는 방식입니다.

승계할 전세계약 잔여기간이 1년 이내이면서 가급적 1년에 가까운 매물을 구입하는 게 좋습니다. 고양시 아파트 주택담보대출의 중도상환수수료 부담을 최소화할 수 있을 뿐 아니라 고양시 아파트 매도에 따른 양도소득세를 내지 않아도 되기 때문입니다.

중도상환수수료는 대출실행 이후 3년에 가까워질수록 점차 줄어들고 3년이 지나면 전액 면제입니다. 양도소득세의 경우 A아파트를 구입하고 1년 뒤에 B아파트를 구입했고 A아파트 구입 2년 이후 A아파트를 되팔되 B아파트를 구입한 지 3년이 지나지 않은 상태에서 A아파트를 팔아야 양도소득세가 면제됩니다(A아파트 매각가격이 9억 원 이하일 때 그렇습니다).

서대문구 아파트 매매가는 8억 5,000만 원이고 기존 전세금은 6억 5,000만 원입니다. 전세금을 빼고 서대문구 아파트를 매입하는 데 필요한 돈은 2억 원입니다. 고양시 아파트(KB시세 4억 원)에서 LTV 60% 비율로 주택담보대출을 2억 4,000만 원까지 받을 수 있습니다. 필요한 돈은 2억 원이니 2억 원만 받습니다.

향후 고양시 아파트를 KB시세대로 매각하면 주택담보대출 잔액(2억 원 미만)을 모두 상환한 후 2억 원 이상을 추가로 조달할 수 있습니다.

현재의 KB시세가 상승하지 않는다는 보수적인 전제로 서대문구 아파트에서 3억 4,000만 원의 주택담보대출(LTV 40% 기준)이 가능합니다. 8·2 대책으로 기존 주택담보대출이 있는 유주택자는 또 다른 주택담보대출의 LTV가 10%포인트 낮아지지만, 이 경우는 대출을 낀 기존 아파트를 팔고 새로운 아파트를 사는 경우라 기본규제 비율인 LTV 40%를 적용받을 수 있습니다.

6억 5,000만 원을 세입자에게 줘야 서대문구 아파트에 입주할 수 있는데 당장은 돈이 부족해보입니다. 신용대출 8,000만 원, 고양시 아파트 매각으로 확보할 수 있는 현금 2억 원(현재 기준 시세 4억 원에서 주택담보대출 2억 원 차감), 현재 시세 기준 서대문구 아파트 주택담보대출 3억 4,000만 원을 합치면 모두 6억 2,000만 원. 3,000만 원이 부족합니다.

서대문구 아파트와 고양시 아파트 시세가 3년 동안 눈에 띄게 오르면 좋겠지만 계획을 세울 때는 보수적으로 접근합니다. 부족한 돈을 마련하기 위한 가장 단순한 방법은 '그만큼의 돈을 모으는 것'입니다. 3,000만 원을 3년 동안 모으면 됩니다. 방법은 간단합니다. 주택담보대출 2억 원에 대한 원금을 3년 동안 3,000만 원 이상 갚으면 됩니다.

부부는 2억 원 주택담보대출(연 이율 3.5%)에 대한 만기를 35년이

일산 아파트 대출받아 서울 아파트 갈아타기 시나리오

구 분	고양시 아파트 주택담보대출	서대문구 아파트 주택담보대출	신용대출
서대문구 8.5억 원 아파트 매입 (전세금 6.5억 원 승계)	2억 원 (서대문구 아파트 매입자금)	불가	불필요
3년간 원금상환	6,000만 원 상환		
고양시 아파트 매도 및 서대문구 아파트 입주 (전세금 반환)	1억 4,000만 원 잔여 (매도 후 2억 6,000만 원 조달)	3억 4,000만 원	5,000만 원

나 30년이 아니라 10년으로 설정하고 매년 166만 6,666만 원의 원금을 갚는 원금 균등분할상환방식을 선택했습니다. 부부는 3년간 6,000만 원의 원금을 상환하게 되고 3년 뒤 주택담보대출 잔액은 1억 4,000만 원으로 줄어듭니다. 고양시 아파트를 4억 원에 팔 경우 주택담보대출을 상환하고 2억 6,000만 원이 남습니다. 여기에 서대문구 아파트 주택담보대출 3억 4,000만 원을 합치면 6억 원입니다. 5,000만 원이 부족합니다. 신용대출을 8,000만 원까지 받을 수 있지만 필요한 5,000만 원만 받습니다.

이렇게 보수적으로 계산한 후 향후 3년 뒤 고양시 아파트 시세가 상승할 경우 고양시 아파트 매각으로 자금을 더 많이 확보할 수도 있습니다.

또 서대문구 아파트의 시세가 상승할 경우 주택담보대출을 늘려 신용대출 규모를 줄이거나 경우에 따라서는 신용대출 자체가 필요 없어질 수도 있습니다. 하지만 계획을 세울 때는 가장 보수적으로 접근하는 게 맞습니다.

일시적 2주택자가
양도소득세를 피하는 법

한 번도 안 산 사람은 있지만 한 번만 살 사람은 별로 없습니다. 자녀가 생기거나 늘어나면 넓은 아파트로 이사 갈 수 있고 이 경우 살던 아파트를 되팔아야 합니다. 전근 등으로 보금자리를 옮기면서 기존 아파트를 미처 팔지 못한 채 임대(전세, 월세 등)를 주고 새로운 아파트를 구입해야 하는 상황도 생깁니다. 흔히 얘기하는 '일시적 2주택' 상황입니다.

모든 무주택자는 잠재적인 유주택자이고 모든 1주택자는 잠재적인 2주택자입니다. 임대사업자 등록을 통해 전문적인 투자자(다주택자)가 될 생각이 없는 평범한 생활인이라도 최소한 일시적 2주택자 상황까지 가정한 양도소득세 시나리오 정도는 알아둘 필요가 있습니다. 2017년 8·2 대책으로 무주택자나 일시적 2주택자가 아닌 다주택자에 대한 양도소득세가 강화됐으므로, 투기규제라는 취지에 부합하는 사례가 아니면서 양도소득세를 내는 일이 없도록

해야겠습니다.

1주택자 : 2년 이상 거주하면 면제

양도소득세는 일종의 거래세입니다. 보유해온 주택을 되팔아 차익(양도차익)이 발생할 경우에 한해 부과됩니다(아무리 많은 주택을 보유하고 있어도 차익이 없는 주택에 대해서는 당연히 양도소득세가 부과되지 않습니다).

아파트 등 주택에 대한 양도소득세는 보유기간 1년 미만은 과세표준의 40%, 보유기간 1년 이상인 경우 양도차익 규모에 따라 과세표준의 6~42%(2018년 양도분부터, 2017년까지는 6~40%)가 부과됩니다.

여기서 과세표준은 양도소득금액(양도차익-장기보유특별공제)에서 250만 원(단독 명의 기준)을 뺀 금액입니다. 참고로 부부공동명의는 통상 50%의 각자 보유분별로 양도소득세가 부과됩니다. 1인당 양도소득금액에서 250만 원이 '각각' 차감되기 때문에 부부가 납부할 양도소득세 총액이 단독 명의인 경우보다 줄어듭니다. 공동명의 방식을 택할지 고민할 때 참고할 만한 사실입니다.

하지만 아파트를 2년 이상 보유하고 매도가격이 9억 원 이하인 경우에는 양도소득세를 전혀 내지 않아도 됩니다. 다만 서울과 과천, 세종 등 투기과열지구와 광명, 고양, 하남 등 청약조정대상지역의 경우 2년 이상 보유하되 임대를 주지 않은 채 주택 명의자가 실제 거주한 기간이 2년을 넘어야 한다는 단서가 붙습니다(2017년 8월 3일 이후 취득한 주택부터 이 같은 '거주요건'이 적용됩니다).

실제 거주하지 않으면서 전세 낀 주택을 사고파는 투기세력을 근절하기 위해 2017년 8·2 대책에 따라 세법이 개정된 데 따른 것입니다. 2년 이상 보유했더라도 거주기간이 2년을 밑돌면 양도소득세를 내야 합니다. 만약 전세를 끼고 아파트를 구입하는 경우 구입 시점에 바로 입주하지 않더라도 사후에 2년 이상 거주하면 양도소득세 비과세 요건을 충족할 수 있습니다.

9억 원 이하의 아파트를 구입(취득)했더라도 매도 시점 가격이 9억 원을 초과할 경우에는 양도소득세를 내야 합니다. 1가구 1주택, 2년 이상 보유, 2년 이상 거주 요건을 모두 충족하더라도 말입니다. 다만 9억 초과분만큼만 양도소득을 환산해 과세하기 때문에 양도소득금액 전액에 대한 양도소득세를 낼 경우보다 부담이 현저하게 낮습니다.

각종 필요경비나 기본공제가 없다고 가정하고, 정확하진 않지만 단순 모형으로 비교해보겠습니다. 예컨대 8억 원에 구입한 아파트를 10억 원에 되팔 경우 원칙적으로 양도차익(각종 필요경비나 기본공제가 없다고 가정)은 2억 원이고 여기에 6~38%의 누진세율을 곱합니다.

이 경우 양도소득세는 5,660만 원입니다. 과세표준이 2억 원이니 세율 38% 구간에 해당하고 따라서 양도소득세는 7,600만 원(2억 원

1가구 1주택자 양도소득세 세율

과세표준	누진세율
1,200만 원 이하	6%
1,200만 원 초과 4,600만 원 이하	15%
4,600만 원 초과 8,800만 원 이하	24%
8,800만 원 초과 1억 5,000만 원 이하	35%
1억 5,000만 원 초과 3억 원 이하	38%
3억 원 초과 5억 원 이하	40%
5억 원 초과	42%

* 과세표준별 누진공제액(108만 원~3,540만 원)은 별도.

×0.38)일 것 같지만 그렇지 않습니다. 양도소득세는 양도소득금액을 구간별로 나눠 각기 다른 세율을 적용하는 누진세율 방식에 따라 세금을 계산하기 때문입니다.

1,200만 원은 6%, 3,400만 원(1,200만 원 초과 4,600만 원 이하 부분)은 15% 4,400만 원(4,600만 원 초과 8,800만 원 이하 부분)은 24% 식으로 2억 원을 구간별로 쪼갠다는 얘기입니다.

다시 본론으로 돌아오겠습니다. 8억 원에 구입한 아파트를 2년 이상 보유·거주 요건을 만족하지 못한 채 10억 원에 되팔 경우 양도소득세는 5,660만 원입니다(실제 양도소득세는 필요경비와 기본공제 등 차감으로 이보다 적습니다).

하지만 2년 이상 보유·거주요건을 만족할 경우 양도차익은 '2억 원×(10억 원−9억 원)÷10억 원' 계산에 따라 2,000만 원에 불과하고 양도차익이 낮은 만큼 세율도 6~15%로 낮아지기 때문에 양도소득세는 192만 원으로 산정됩니다(역시 필요경비, 기본공제 등 차감하면 이보다 적게 계산됩니다).

이처럼 2년 이상 보유 및 2년 이상 거주 요건을 모두 충족하면 양도소득세를 5,660만 원에서 192만 원으로 확 줄일 수 있습니다.

양도소득세 계산 산식

과세표준 = 양도차익 − 장기보유특별공제 − 기본공제(250만 원)

---

* 부부 공동명의의 경우 기본공제 250만 원 차감 혜택을 두 번 받을 수 있음.
* 일반 양도차익=양도가액(매도가격)−취득가액(당초 매입가격)−필요경비(취득세, 지방교육세, 등기비용, 발코니확장비용, 매입중개수수료, 매도중개수수료 등)
* 2년 이상 거주한 1가구 1주택, 9억 원 초과 아파트 매각 때 양도차익=(양도가액−취득가액−기타 필요경비)×{(양도가액−9억 원)÷양도가액}

일시적 2주택자
: 두 번째 집 산 지 3년 이내에 첫 집 팔아야 비과세

먼저 구입한 주택이 A고 두 번째 구입한 주택이 B일 경우 다음의 조건을 만족하면 A주택 매도에 따른 양도소득세가 면제됩니다.

① A를 구입한 지 1년이 지난 이후 B를 구입한다.

여기서 구입 시점은 소유권이전등기 시점(통상 주택담보대출 실행일)을 말합니다. 분양아파트의 경우 잔금을 치른 날 기준입니다. A주택을 구입한 지 만 1년이 되지 않은 상태에서 B주택을 구입할 경우 일시적 2주택 사유에 따른 양도소득세 비과세 혜택을 받을 수 없습니다.

② B주택을 구입한 지 3년 이내에 A주택을 매도한다.

일시적 2주택 상황을 무한정 허용하지 않는다는 얘기입니다. B주택을 구입한 지 3년이 지나 A주택을 팔면 기본세율을 적용한 엄격한 양도소득세가 부과됩니다.

③ A주택을 2년 이상 보유하고 A주택을 매도한다.

1가구 1주택 기준 양도세 비과세 요건이라는 대전제를 충족해야 한다는 뜻입니다. A주택을 2017년 1월 1일에 구입하고 B주택을 2018년 1월 1일에 구입한 후 2018년 12월 1일에 A주택을 매도할 경우 1번 요건과 2번 요건은 충족하지만 3번 요건을 충족하지 않아 양도소득세 비과세 대상이 아닙니다. A주택을 구입한 지 2년이 경과되지 않았기 때문입니다.

이 역시 매도가격이 9억 원 이하라는 전제를 충족해야 합니다. 앞서 말한 3가지 조건을 충족하더라도 매도가격이 9억 원을 웃돌 경우 9억 원 초과분에 대한 약간의 양도소득세는 납부해야 합니다.

각자 자신 명의의 아파트 한 채씩을 갖고 있던 미혼 남녀가 결혼하는 경우에는 혼인 시점 5년 이내에 두 채 중 한 채를 팔면 양도소득세가 면제됩니다. 이 경우에도 매도대상 아파트를 2년 이상 보유(투기과열지구 및 청약조정대상지역의 경우 2년 이상 거주, 거주요건은 2017년 8월 3일 이후 주택 취득분부터 충족 필요)했어야 한다는 단서가 붙습니다. 매도가격이 9억 원 초과인 경우 2년 이상 보유한 9억 원 초과분을 계산해 약간의 양도소득세가 부과됩니다. 이처럼 양도소득세 비과세 혜택을 받을 수 있는 길이 열려 있기 때문에 다주택자에 대한 패널티를 우려해 결혼 이전 아파트 구입을 포기할 이유는 없습니다.

분양권: 입주 전까진 1주택으로 안 쳐

1주택자로서 보유한 아파트에 살면서 분양아파트에 당첨될 경우 2주택자(다주택자)가 돼 재산세, 양도소득세 면에서 불이익을 받는 게 아니냐는 우려를 하는 사람들이 많습니다.

하지만 이런 걱정 때문에 1주택자로서 분양을 주저할 이유는 없습니다. 분양권은 말 그대로 분양아파트에 입주할 자격을 뜻하는 말로 실제 아파트가 다 지어진 후 잔금을 내고 입주하기 전까지는 주택수로 계산하지 않기 때문입니다.

보유한 A아파트에 거주하고 있는 상태에서 B분양아파트에 당첨

돼 B아파트 분양권을 보유하게 된 사람은 2주택자가 아니라 1주택자입니다. B아파트에 6회차의 중도금을 모두 납부한 후 잔금까지 낸 후에야 비로소 2주택자가 됩니다.

B아파트 잔금(입주) 직전까지 A아파트를 매도하면 2주택자가 되지 않습니다. 일시적 2주택조차 아니고 순수한 1주택자 상태가 유지됩니다. 일시적 2주택 상황이 2년간 유지돼도 양도소득세 비과세 혜택을 받을 수 있음은 물론입니다.

2주택자로 분류되지 않기 위해서는 B아파트 잔금을 내기 전까지 A아파트에 대한 소유권이전등기 절차가 완료되면 됩니다. 잔금을 내고 1~2주일 뒤 분양아파트에 입주를 하는 경우도 있을 수 있는데 이 경우 입주일 기준이 아니라 잔금을 낸 날짜를 기준으로 A아파트 소유기간을 산정합니다.

분양 당첨자의 분양권과 달리 재개발·재건축 원주민(조합원)의 입주권은 최초 보유자는 물론이고 전매 방식으로 사들인 전매 보유자 모두 해당 입주권을 주택수로 계산합니다. 1개의 아파트와 1개의 분양권, 1개의 조합권을 갖고 있으면 주택수는 2개(아파트+조합권)입니다.

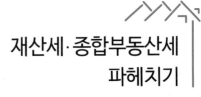

재산세·종합부동산세
파헤치기

정부가 투기와의 전쟁을 선포하면서 보유세 강화 논의가 자주 불거집니다. 주택 구입으로 향후 보유세 폭탄을 맞게 될까 두렵습니다.

주택이나 자동차가 시계, 장난감과 같은 점은 누군가의 사유재산이라는 점이고 다른 점은 주택, 자동차는 공공성이 있는 땅(택지나 도로)을 사용하는 반면 시계, 장난감은 그렇지 않다는 점입니다. 따라서 주택이나 자동차를 보유하면 재산세라는 보유세를 내게 됩니다. 뒤에 설명하겠지만 시세 기준 10억 원이 훌쩍 넘어가면 종합부동산세라는 추가적인 보유세도 내게 됩니다.

실제 재산세, 공시가격 '곱하기 0.0024'

흔히 알려진 것처럼 재산세가 주택 구입을 주저할 정도로 부담스러운 수준은 아닙니다. 재산세는 실제 시세를 기준으로 하지 않고 시세보다 30%가량 낮은 공시가격을 기준으로 하기 때문입니다. 또한 이 공시가격에 바로 세율을 곱하는 게 아니라 60%(공정시장가액비율)를 우선 곱한 후, 그 금액에 세법이 정한 세율(0.1%~0.4%)을 곱합니다. 요컨대 세율이 가장 높은 0.4%인 상황(공시가격 3억 원 초과)을 가정할 때 시세보다 30%가량 낮은 공시가격에 0.0024(0.6×0.004)를 곱하면 됩니다. 아파트 가격이 6억 원인데 공시가격은 4억 원입니다. 이 경우 재산세는 96만 원입니다. 96만 원을 7월에 48만 원, 9월에 48만 원씩 나눠 냅니다. 한 달에 8만 원 정도의 부담이 생기는 셈입니다.

주택 재산세 세율

과세표준	세율
6,000만 원 이하	0.1%
1억 5,000만 원 이하	0.15%
3억 원 이하	0.24%
3억 원 초과	0.4%

* 출처: 국세청

5월 말~6월 초 주택 구입 시 잔금일은 6월 2일 이후로!

자신이 갖고 있는, 혹은 자신이 구입하고자 하는 주택 공시가격은 국토교통부의 '부동산공시가격알리미' 홈페이지(www.realtyprice.kr)에서 확인할 수 있습니다. 아파트는 '공동주택' 부분을 클릭하면 됩니다(아파트의 법적, 이론적 명칭이 공동주택입니다).

그럼, 이 재산세는 누가 납부할까요? 당연히 집주인이 납부합니다. 임대를 준 집도 세입자가 아닌 집주인이 냅니다. 그럼 집주인이 바뀐 경우는 어떻게 될까요? 아파트를 반드시 매년 1월 1일이나 12월 31일처럼 해를 넘기며 구입한다는 보장이 없습니다. 5월 31일 아파트 매매거래(소유권이전등기일·잔금일 기준)가 이뤄졌을 경우 매도인이 1~5월분을 내고, 매수인이 6~12월분을 내면 될까요?

그렇지 않습니다. 재산세는 매년 6월 1일 기준 소유자가 냅니다. 2017년 5월 31일에 아파트 매매거래가 이뤄졌다면 2017년 1월 1일부터 2017년 5월 30일까지 전前 주인의 보유기간까지 포함한 2017

년 12개월 전체분에 대해 매수인이 재산세를 부담해야 합니다. 반면 매매거래가 6월 3일에 이뤄졌다면 매수인의 보유기간이 1년의 절반을 웃도는데도 매도인이 1년치 재산세를 모두 내야 합니다.

따라서 매수인 입장에서는 가능하면 아파트 매매거래의 잔금일이 6월 2일 이후가 되도록 아파트 매수 일정을 협의하는 게 유리합니다. 예컨대 4월 30일 가계약, 5월 8일 본계약을 거쳐 5월 말·6월 초에 잔금일(소유권이전등기일·통상 입주일)을 매도인과 협의해야 하는 상황이라면 매수인 입장에서는 이 잔금일이 6월 2일 이후가 되는 게 유리합니다. 6월 1일 이전으로 잔금일을 잡으면 1년치 재산세 전액을 매수인이 부담해야 하기 때문입니다. 반면 잔금일이 6월 2일이라면 매도인이 실제 집을 팔고 나갔음에도 불구하고 돌아오는 7월과 9월에 이미 내다판 집에 대한 재산세를 내게 됩니다.

보유세 인상 가능할까?

사족이지만 많은 사람들이 궁금해 하는 보유세 인상 가능성에 대해 잠시 얘기해보겠습니다. 정부나 국회가 보유세를 인상하지 않으리라고 단언할 수는 없습니다. 하지만 보유세 인상은 정부나 국회 입장에서도 대단히 부담스러운 일이라는 점만큼은 짚고 넘어갈 필요가 있습니다.

이유는 크게 두 가지입니다. 첫 번째는 보유세인 재산세가 '보통

세'라 주택을 갖고 있으면 누구나 내야 하기 때문입니다. 재산세를 증세하면 부자증세, 즉 선별적 증세가 아니라 보편적 증세가 될 가능성이 높습니다.

두 번째 이유는 재산세 세율은 국회를 거치지 않은 채 정부 마음대로 높이거나 낮출 수 없다는 점입니다. 고등학교 사회 수업 시간에 배웠듯 법령은 법률, 시행령, 시행규칙 등으로 돼 있는데 법률은 국회가 바꾸고 시행령, 시행규칙만 정부 부처가 국회 동의 없이 바꿀 수 있습니다.

정부 부처 소속 공무원들이 법률을 제정하거나 개정하는 일은 정말 어려운 일입니다. 법률 제정안이나 개정안에 반대하는 야당 의원을 설득하러 장관과 차관이 사정해야 하는 일이 부지기수고 여당이라고 해서 반드시 정부 추진법안에 찬성한다는 보장이 없기 때문입니다.

이 어려운 일을 해내야 가능한 게 세율 인상입니다. 과세표준 6,000만 원은 0.1%, 1억 5,000만 원 이하는 0.15%, 3억 원 이하는 0.24%, 3억 원 초과는 0.4% 등 왠지 시행령이나 시행규칙에 있을 것 같은 세세한 내용은 다름 아닌 '지방세법'이라는 법률에 규정돼 있습니다. 이 세율을 높이자면 국회 통과가 필요합니다. 문재인 정부를 기준으로 국민의당과 자유한국당 등의 동의가 필요하다는 얘기입니다.

하지만 국회 통과 없이도 보유세가 인상될 가능성을 배제할 수는 없습니다. 국회 통과를 거치지 않고 정부가 마음대로 손질할 수 있는 부분이 있기 때문입니다. 바로 '공정시장가액비율'입니다.

앞서 재산세는 공시가격에 60%의 공정시장가액비율을 곱한 후 세율(0.1%~0.4%)을 추가로 곱한다고 말씀드린 바 있습니다. 이 공정시장가액비율은 법률이 아니라 시행령(지방세법 시행령)에 규정돼 있습니다. 지방세법은 행정안전부가 관장합니다. 따라서 문재인 대통령의 지시를 받는 행정안전부 장관이 이 시행령을 개정하기로 하고 문재인 대통령이나 이낙연 국무총리가 주재하는 국무회의에서 이 시행령 개정안이 통과되면 이 공정시장가액비율을 60%(주택 기준 비율)에서 70%나 80%로 올릴 수 있습니다. 국회 동의가 필요한 세율을 직접 인상하지 않더라도 실질적으로 재산세, 즉 보유세 증세를 할 수 있는 절차입니다.

재산세를 둘러싼 법률적 사실관계에 대해 잘못된 해석이 난무하는 관계로 법제처 국가법령정보센터(www.law.go.kr)에 명시된 관련 법령을 열거하겠습니다. 국회 동의를 거쳐야 하는 '법률'과 정부 차원에서 고칠 수 있는 '시행령'으로 구분해 소개합니다.

지방세법

→ 국회 동의를 거쳐야 개정할 수 있는 '법률'입니다.

제4조(부동산 등의 시가표준액) ① 이 법에서 적용하는 토지 및 주택에
대한 시가표준액은 「부동산 가격공시에 관한 법률」에 따라 공시된 가
액價額으로 한다. 다만, 개별공시지가 또는 개별주택가격이 공시되지
아니한 경우에는 특별자치시장·특별자치도지사·시장·군수 또는 구청
장(자치구의 구청장을 말한다. 이하 같다)이 같은 법에 따라 국토교통부장
관이 제공한 토지가격비준표 또는 주택가격비준표를 사용하여 산정
한 가액으로 하고, 공동주택가격이 공시되지 아니한 경우에는 대통
령으로 정하는 기준에 따라 특별자치시장·특별자치도지사·시장·군수
또는 구청장이 산정한 가액으로 한다. 〈개정 2013.3.23, 2016.1.19,
2016.12.27〉

→ 재산세를 산출하는 기준이 되는 집값은 실제 시세가 아니라
공시가격을 기준으로 한다는 얘기가 명시돼 있습니다.

제110조(과세표준) ① 토지·건축물·주택에 대한 재산세의 과세표준은
제4조 제1항 및 제2항에 따른 시가표준액에 부동산 시장의 동향과
지방재정 여건 등을 고려하여 다음 각 호의 어느 하나에서 정한 범위
에서 대통령령으로 정하는 공정시장가액비율을 곱하여 산정한 가액
으로 한다.

1. 토지 및 건축물 : 시가표준액의 100분의 50부터 100분의 90까지

2. 주택 : 시가표준액의 100분의 40부터 100분의 80까지

　② 선박 및 항공기에 대한 재산세의 과세표준은 제4조 제2항에 따른 시가표준액으로 한다.

→ 60%라고 설명한바 있는 공정시장가액비율은 법률에는 40% 이상 80% 이하 범위에서 대통령령(시행령)으로 정할 수 있다고 명시돼 있습니다. 현재 지방세법 시행령에는 이 비율이 주택 기준 60%로 돼 있습니다.

국회 동의를 거치지 않은 채 정부가 이 비율을 올릴 수 있지만 80%까지만 가능하다는 얘기입니다. 주택의 공정시장가액비율이 60%인데도 80%라고 잘못 알려져 있는데, 이 법률상의 규정 때문입니다. 정부가 조절할 수 있는 최대한도가 80%라는 얘기입니다.

제111조(세율) ① 재산세는 제110조의 과세표준에 다음 각 호의 표준세율을 적용하여 계산한 금액을 그 세액으로 한다.

3. 주택

가. 제13조 제5항 제1호에 따른 별장 : 과세표준의 1,000분의 40

나. 그 밖의 주택

과세표준	세율
6,000만 원 이하	1,000분의 1
6,000만 원 초과 1억 5,000만 원 이하	6만 원 + 6,000만 원 초과금액의 1,000분의 1.5
1억 5,000만 원 초과 3억 원 이하	19만 5,000원 + 1억 5,000만 원 초과금액의 1,000분의 2.5
3억 원 초과	57만 원+3억 원 초과금액의 1,000분의 4

→ 일반 주택은 세율이 0.1~0.4%인 반면 별장은 세율이 4%로 10배 이상 높습니다. 이 비율을 높이려면 국회 동의가 필요합니다.

지방세법 시행령

→ 국회 동의 없이 정부(대통령)가 고칠 수 있는 '시행령(대통령령)' 입니다.

제2조(토지 및 주택의 시가표준액) 「지방세법」(이하 "법"이라 한다) 제4조제1항 본문에 따른 토지 및 주택의 시가표준액은 「지방세기본법」 제34조에 따른 세목별 납세의무의 성립시기 당시에 「부동산 가격공시에

관한 법률」에 따라 공시된 개별공시지가, 개별주택가격 또는 공동주택가격으로 한다. 〈개정 2016.8.31.〉

→ 법률에 나온 공시가격은 구체적으로 개별공시지가(토지), 개별주택가격(아파트가 아닌 주택), 공동주택가격(아파트)이라는 얘기입니다. 공동주택가격 등 구체적인 공시가격은 국토교통부 부동산공시가격알리미 홈페이지(www.realtyprice.kr)에서 열람할 수 있습니다.

제109조(공정시장가액비율) 법 제110조 제1항 각 호 외의 부분에서 "대통령령으로 정하는 공정시장가액비율"이란 다음 각 호의 비율을 말한다.

1. 토지 및 건축물 : 시가표준액의 100분의 70

2. 주택 : 시가표준액의 100분의 60

→ 법률에서 주택의 공정시장가액비율을 40~80% 범위에서 정할 수 있다고 하고 이를 대통령령(시행령)에 위임했습니다. 정부는 이 비율을 주택 기준 60%로 정했다는 얘기입니다.

9억 원짜리 아파트 사면 종부세 낸다고?

최근 주택 가격이 크게 오르면서 종합부동산세 부담 우려도 커지고 있습니다. 다주택자는 주택가격이 6억 원, 1가구 1주택자(1인 단독명의 기준)는 9억 원을 넘을 경우 종합부동산세를 내야 한다는 사실 때문에 이 언저리 가격대 아파트 구입을 주저하는 사람들도 적지 않습니다.

하지만 이는 실제 가격 기준이 아니라 통상 실제 가격(시세)보다 30%가량 낮은 공시가격(아파트 기준 공동주택가격)을 기준으로 하기 때문에 실제 종합부동산세 과세 대상이 되려면 실제 가격 기준으로 주택가격이 10억 원을 훌쩍 넘어야 합니다.

종합부동산세를 납부하는 상황이 오더라도, 종합부동산세의 과세가 시작되는 금액, 즉 1가구 1주택자 기준 9억 원(공시가격 기준)까지는 재산세를 내고 초과분, 예컨대 공시가격이 10억 원인 경우 1억 원에 대해서만 종합부동산세가 과세됩니다.

부부 공동명의의 경우 공동주택가격 12억 원까지 종합부동산세를 내지 않습니다. 1인당 과세대상 기준금액이 공동주택가격 기준 6억 원이기 때문입니다. 부부 공동명의의 경우 실제 시세가 약 15~16억 원 쯤 돼야 종합부동산세를 내야 하는 상황이 생긴다는 뜻입니다.

종합부동산세는 실거주 목적이 아니면서 단기간에 주택을 사고 파는 투기세력을 근절하는 목적으로 도입된 제도입니다. 실수요자에 대해서는 다양한 공제 혜택이 있습니다.

대표적인 공제 혜택은 보유기간 별 공제입니다. 5년 이상 거주한 주택에 대해서는 종합부동산세 기본 산출세액에서 20%가 공제되고 10년 이상 거주한 경우 40%가 공제됩니다.

은퇴 이후 종합부동산세 부담으로 노후생활이 어려워지지 않을까 걱정할 수 있습니다. 하지만 60세 이상은 10%, 65세 이상은 20%, 70세 이상은 30%씩 산출세액에서 세금이 공제됩니다.

종합부동산세 납부 의무자는 재산세를 매년 7월과 9월 두 차례에 걸쳐 납부한 후 12월에 종합부동산세를 납부하게 됩니다.

TIP

부모님의 금전적 지원을 받고자 하는데 증여세를 내야 하나요?

내 집 마련은 스스로 하는 게 좋습니다. 배는 사공이 많으면 산으로 가고 내 집 마련은 의사결정에 참여하는 사람들이 많을수록 적기를 놓치기 십상이기 때문입니다. 세상에 공짜는 없습니다. 금전적 도움을 준 가족의 의사결정 개입을 외면하기는 어려운 일입니다. 적지 않은 경우 '돈을 보탠' 이들은 돈을 보탠 이상으로 발언권을 행사합니다.

하지만 가족, 특히 부모님에게 충분한 금전적 여유가 있고 자발적인 금전적 지원 의사가 존재하면서 내 집 마련 여부와 적기에 대한 의견이 부모님과 일치하는 경우처럼 부모님의 금전적 지원을 감사한 마음으로 받아들여야 할 때도 있습니다.

가족 간에 현금이나 자산이 오가는 일은 부(富)의 이전에 해당하기 때문에 국가는 '상속세 및 증여세법'에 따라 증여금액(정확히는 증여과세표준=증여가액=증여재산공제)의 10~50%에 해당하는 증여세를 부과합니다. 증여금액 1억 원 이하는 10%, 1억 원 초과 5억 원 이하는 20%, 5억 원 초과 10억 원 이하는 30%, 10억 원 초과 30억 원 이하는 40%, 30억 원 초과는 50%의 증여세를 내야 합니다.

부모님에게 1억 원의 금전적 지원을 받을 경우 방법은 크게 세 가지입니다. 먼저 1억 원 전체를 증여받는 방법입니다. 이 경우 부모(직계존속)의 자식(직계비속)에 대한 증여세 면세 한도인 5,000만 원까지는 증여세가 면제되고 나머지 5,000만 원에 대해 500만 원(5,000만 원×10%, 신고세액공제가 없는 경우 가정)의 증여세가 부과됩니다.

증여세는 증여받는 사람(수증자)인 자식이 내야 합니다. 다만 증여세 면세 한도는 10년 단위 기준입니다. 5년 전 결혼 당시 전세자금조로 4,000만 원을 이미 받은 상황에서 추가로 5,000만 원을 증여받은 경우 10년 이내에 9,000만 원의 증여가 이뤄진 것이기 때문에 4,000만 원에 대해서는 증여세를 정식으로 납부해야 합니다.

두 번째로 증여세 면세 한도까지만 증여를 받고 나머지 5,000만 원은 부모님에게 대출을 받는 방법이 있습니다. 정부가 권고하는 당좌대출 이자율(연 이율 4.6%) 수준의 금리 조건으로 다달이 이자만 내고 특정 시점에 원금을 한꺼번에 상환할지 또는 나눠갚을지 생면부지의 타인과 하듯 금전소비대차계약서를 작성하면 됩니다. 이자율이 정부 권고 이자율보다 현저하게 낮을 경우 그 차액 역시 증여로 보고 과세대상이 될 수 있다는 점에 유의해야 합니다.

이자나 원리금은 은행 자동이체를 설정하고 통장에 '대출이자'가 기입되게 함으로써 기록을 남겨둡니다. 수상한 금전거래를 이유로 과세당국에서 세무조사를 나왔을 때 합당한 차입借入계약에 따라 이뤄진 금전거래라는 점을 소명할 수 있기 때문입니다. 참고로 형제의 도움을 받는 경우 증여세 면제 한도는 1,000만 원입니다. 역시 10년 단위로 한도를 계산합니다.

증여재산 공제한도

증여 주체	공제한도(10년 합산 기준)
배우자(법률혼 기준)	6억 원
직계존속 (부모, 조부모, 외조부모 등)	5,000만 원 (미성년 자녀나 미성년 손자녀가 증여받는 경우 2,000만 원)
직계비속 (자녀, 손자녀, 외손자녀)	5,000만 원
기타 친족 (사실혼 부부, 형제, 며느리, 사위 등)	1,000만 원

증여를 받지 않고 1억 원 전액에 대해 금전임대차 계약을 체결하는 것도 방법입니다. 목돈은 있지만 소득이 없는 부모님에게 돈을 빌리고 시중금리 수준의 이자뿐 아니라 별도로 용돈까지 드리는 방식으로 '윈 - 윈Win-Win'하는 가족들도 많이 있습니다.

이와 별도로, 당초 남편 단독 명의로 주택을 구입했다가 아내나 처가의 요구에 따라 주택 명의를 부부 공동명의로 바꾸는 경우 증여세 문제에 대해

궁금해 하는 사람들이 많습니다. 부부간 증여는 증여세 과세 한도가 6억 원입니다. 따라서 10억 원짜리 주택 지분 중 50%를 아내에게 증여할 경우 증여세를 내지 않아도 된다고 생각할 수 있습니다. 이 말은 맞습니다. 하지만 증여세와 무관하게 아내는 증여를 통해 부동산을 '취득'하기 때문에 기준시가의 3.8%(전용면적 85㎡ 이하) 또는 4.0%(전용면적 85㎡ 초과)에 달하는 증여취득세를 낸다는 점에 유의해야 합니다. 기준시가는 실제 시세의 50~60% 수준이긴 하지만 증여취득세율이 일반 매매거래의 취득세보다 현저하게 높기 때문에 만만찮은 금액입니다.

부록

현재 시행중인 각종 규제부터
10·24 가계부채 종합대책까지 완벽 분석

부동산·금융 규제
이해하면 길이 보인다!

각종 규제 때문에
내 집 마련이 어려워지는 것 아닐까?

이제껏 현재 시점의 규제 현황을 기준으로 실수요자의 내 집 마련 방향을 설명했습니다. 복잡한 규제의 역사를 일일이 살펴보느라 대출과 부동산 전반에 대한 흥미 자체를 잃어버리는 것보다, 현재 규제 수준으로 자신이 자산과 대출을 동원해 구입 가능한 아파트 가격대가 어디까지인지 알아보는 게 우선이라는 생각 때문이었습니다.

부록에서는 지금까지 이해를 토대로 '규제의 역사'를 간단히 살펴보겠습니다. 설명 방식이 바뀔 뿐 결론은 달라지지 않습니다. 서울과 경기도 일부 지역, 세종특별자치시, 부산·대구 일부지역의 LTV가 기존 70%에서 40~60% 수준으로 강화된 점이 실수요자 내 집 마련의 유일한 부담으로 작용합니다. 나머지 모든 규제는 원금 분할상환을 의무화하고 분양아파트 잔금대출 등 소득심사 사각지대에 강제적 소득심사 지표인 DTI를 도입하며 단기 투기수요를 근절하기 위한 진매제한 강화 등 투기수요 근절책입니다.

일부 지역에 대한 LTV 강화를 제외한 모든 조치는 오히려 '실수요자 전성시대'를 위한 조치로 볼 수 있습니다. LTV 강화 역시 연봉 8,000만 원 이하 무주택 실수요자에게는 강화폭을 줄였습니다. DTI는 40%까지 강화됐지만 이는 선진국의 통상적인 규제수준으로, 이를 넘어서는 대출은 일부 고소득자를 제외하면 애당초 바람직하지도 않았습니다. 오히려 갚을 수 있는 대출을 강제하는 안전장치가 마련됐다고 긍정적으로 생각할 대목입니다.

규제는 '넘어서지 말라'는 제약선이기도 하지만, '여기까진 괜찮다'는 허용선이기도 합니다. 제약선과 허용선을 정확하게 이해하려면 최근 정부의 잇단 부동산·금융규제의 역사를 제대로 이해할 필요가 있습니다. 정부는 2015년 7월 22일 가계부채 종합관리방안 발표를 시작으로 2017년 10·24 가계부채 종합관리방안까지 8차례의 굵직한 부동산·금융 규제책을 발표했습니다.

수도꼭지를 풀어준 것은 LTV와 DTI을 기존 60%, 50%에서 각각 70%, 60%로 완화한 2014년 7월 24일 최경환 당시 경제부총리 겸 기획재정부 장관의 '초이choi노믹스'가 마지막이었습니다. 정확히 1년 뒤인 2015년 7월 22일 발표된 '가계부채 종합관리방안'부터 조이기가 시작됩니다.

부동산·가계부채 대책 주요 내용

대책발표일	주요 내용
2015년 7월 22일 (가계부채 종합관리방안)	신규 구입용 주택담보대출 원금 분할상환 의무화 (여신심사선진화가이드라인 로드맵 발표)
2016년 6월 28일 (2016년 하반기 경제정책방향)	9억 원 초과 분양아파트 대상 주택도시보증 중도금보증 중단
2016년 8월 25일 (가계부채 종합관리방안)	중도금 부분보증(100%→90%)
2016년 11월 3일 (주택시장의 안정적 관리방안)	서울 과천 등 청약조정대상지역 37곳 지정 및 전매제한 강화
2016년 11월 24일 (8·25 가계부채 관리방안 후속조치)	분양아파트 잔금대출 분할상환 의무화 도입
2017년 6월 19일 (주택시장 선별적·맞춤형 대응방안)	청약조정대상지역 확대 : 37곳→40곳(광명 등) LTV(70→60%), DTI(60→50%) 강화 전매제한 강화
	분양아파트 잔금대출 DTI 적용 의무화 도입
2017년 8월 2일 (주택시장 안정화 방안)	서울, 과천, 세종 등 투기과열지구 지정 LTV(60→40%), DTI(50→40%) 강화
	청약조정대상지역 1주택자 비과세 요건에 거주요건 추가
	분양권 전매시 양도소득세 강화(50%)
2017년 10월 24일 (가계부채 종합대책)	다주택자 DTI 심사 때 기존 주택대출 원금 반영

이자만 내는 거치는 1년만… 원금 분할상환 의무화

핵심은 이른바 '여신심사선진화가이드라인' 도입입니다. 길게는 10년까지 원금은 한 푼도 갚지 않은 채 이자만 내는 거치식 주택담보대출이 전대미문의 초저금리 바람을 타고 유행했습니다. 이자만 내고 주택담보대출을 받더라도 집값이 천정부지로 치솟았고 차익을 남겨 되팔면 이익을 챙길 수 있었기 때문입니다.

하지만 이 대책으로 2016년 2월 1일 수도권 주택구입을 위한 은행 주택담보대출을 시작으로 신규 주택구입용 담보대출의 원금 분할상환이 의무화됐습니다. 2017년 3월 13일부터는 지방을 포함한 전국의 은행·보험·상호금융권 주택담보대출로 전면 시행됐습니다.

이로써 아파트를 구입한 후 이자만 내다가 집값이 오르면 되팔 목적으로 주택담보대출을 받으려던 이들에게 제동이 걸렸습니다. 하지만 이는 갚을 수 있는 범위에서 빚을 내 집을 사려는 무주택·1주택 실수요자들에게는 바람직한 안전장치일 뿐입니다. 취득세나 이사비, 인테리어 비용 부담에 따른 주택 구입 초기 원금상환 부담을 줄일 수 있도록 1년(12개월)의 거치는 여전히 허용됩니다.

매월 원금상환이 부담스럽다면 분할상환 기간을 최장 35년까지 늘려 잡으면 됩니다.

만기 35년(420개월)의 주택담보대출 2억 원(연 이율 3%, 원리금균등 분할상환 기준)을 받는다고 가정해보겠습니다. 규제 이전에는 매월 이자만 50만 원 납부하면서 10년 동안 원금을 갚지 않는 장기 거치가 가능했습니다.

반면 규제 이후 대출부터는 매월 76만 9,000원(첫달 기준 원금 26만 9,700원+이자 50만 원)을 갚아야 합니다. 원금을 갚는 족족 다음 달 이자가 꾸준히 줄어들기 때문에 총 이자액을 줄일 수 있습니다. 10년 거치(나머지 25년은 분할상환)를 가정할 경우 총이자액은 1억 4,452만 6,661원인 반면, 35년 완전분할상환의 총이자액은 1억 2,327만 3,929원입니다. 분할상환으로 2,125만 2,732원의 이자를 아낄 수 있는 셈입니다.

7·22 대책의 또 다른 골자는 고정금리 유도입니다. 변동금리 대출자의 경우 DTI(연간 원리금상환액÷연 소득)를 산출하기 위한 원리금상환액 산정 과정에서 금리를 인위적으로 2%포인트쯤 높여 계산합니다. 향후 금리가 인상되더라도 대출자가 원리금을 갚을 수 있는지 측정하는 셈입니다.

예컨대 실제 금리가 연 3%라면 연 5%로 연간 원리금상환액을 계산한다는 얘기입니다(실제 대출 적용금리는 그대로 연 3%입니다). 이 같은 가상의 금리를 '스트레스Stress 금리'라고 하고 스트레스 금리를 토대로 산출한 DTI를 '스트레스 DTI'라고 부릅니다.

분양가 9억 원 초과 중도금대출 규제… 무주택자는 문제없어

뚜렷한 소득도 없으면서 거치식 대출로 투자자 행세를 해온 '좀비 투기' 열기가 다소 가라앉는 듯했지만 대출 증가세는 이어졌습니다. 정부는 2016년 6월 28일 내놓은 '2016년 하반기 경제정책방향'에서 주택도시보증공사HUG라는 기관으로 하여금 9억 원 초과 분양아파트의 중도금대출을 전면 중단하도록 했습니다. 고가 분양아파트가 많은 서울 강남권의 중도금대출 조이기로 분양권 투기 열풍을 진정시키기 위한 조치입니다.

신규 분양아파트는 통상 2년가량인 아파트 건축 기간 동안 분양가의 60%인 중도금을 6차례에 걸쳐 순차적으로 납부합니다. 당첨 직후 분양가의 10% 수준인 계약금을 이미 납부한 상태고, 6회의 중도금 납부 이후 입주 시점에 분양가 30% 수준인 잔금을 납부하게 됩니다.

분양아파트 당첨자 대부분은 계약금은 보유현금이나 신용대출, 청약저축 해지 금액을 통해 직접 마련하고 중도금은 은행에서 '중도금대출'이라는 명목으로 빌려 납부합니다.

이미 누군가 살고 있는 아파트를 구입할 때 받는 일반적인 의미의 주택담보대출과 달리 중도금대출은 주택담보대출이 아닙니다. 담보가 될 아파트가 아직 지어지지 않아 담보의 실체가 존재하지 않기 때문입니다.

청약에 당첨된 분양권자가 중도금대출을 갚지 않을 경우 돈을 떼일 우려가 있습니다. 이 때문에 주택도시보증공사 같은 정부 산하 보증기관이 은행에 보증을 서줍니다. 이 보증서가 은행 입장에서는 일종의 담보가 됩니다. 분양권자가 돈을 갚지 않을 경우 보증기관이 은행에 돈을 대신 갚아준다는 얘기입니다. 엄밀히 말하면 '보증서담보대출'인 셈입니다.

이 보증서를 9억 원 초과 아파트에 한해 주택도시보증공사가 발급해주지 않기로 한 게 2016년 6월 28일 발표 대책입니다. 신규 분양아파트가 아닌 재고주택 구입예정자와 9억 원 이하 신규 분양아파트 당첨자와는 직접적으로 상관이 없는 규제입니다.

오히려 집값의 10%(계약금)만 갖고 향후 차익을 남겨 되팔 목적으로 고가 아파트 분양권 청약에 뛰어드는 투기수요가 줄어들면서 무분별한 재개발·재건축 과열 역시 주춤해질 것으로 보입니다.

9억 원 초과 신규분양아파트의 중도금대출 자체가 중단된 것은 아니라는 점에도 유의할 필요가 있습니다. 중도금보증은 HUG라는 기관이 하지 않더라도 건설사가 자체적으로 할 수 있고 건설사가 중도금보증을 해주면 은행들이 중도금대출을 해줍니다. 실제로 2017년 이후 분양아파트 중 분양가가 9억을 웃도는 아파트의 경우 이처럼 건설사 보증을 통해 중도금대출이 정상적으로 이뤄지는 경우가 많습니다. 다만 무주택자에 한정해 이 같은 중도금대출이 이뤄지는 분위기입니다.

일부 분양아파트는 중도금대출이 어려워지자 아예 중도금대출을 폐지했습니다. 계약금 10%, 중도금 60%, 잔금 30%라는 통상적인 공식을 깨고 계약금 10%, 중도금 10%, 잔금 80% 식으로 대금납부 방식을 바꿔 중도금대출이 필요 없도록 했습니다.

[8·25 가계부채 종합관리방안]
중도금대출 부분보증으로 대출금리 상승

이른바 8·25 대책에 따라 2016년 10월부터 중도금대출 취급 은행에 주택도시보증이 중도금대출 100%를 보증해주지 않고 중도금대출의 90%만 부분적으로 보증해주기로 했습니다.

대책 이전에는 중도금대출을 받은 분양권자가 돈을 갚지 않을 경우 종전에는 보증기관이 대출금 전액을 은행에 보전해줬습니다. 2016년 10월 이후 중도금대출 전액 중 보증기관이 책임지는 대출금 비중이 90%로 줄어든다는 얘기입니다.

바꾸어 말하면 8·25 대책 이전의 중도금대출은 은행 입장에서 아무런 위험이 없는 땅 짚고 헤엄치기 대출이었다는 얘기입니다. 소정의 취급비용을 제외하면 은행이 그동안 가져간 이자가 과연 정당했는지 의문이 들 정도입니다.

중도금대출 금액의 10%만큼 생겨난 새로운 위험부담을 은행이 대출금리에 반영하면서 금리가 상승할 유인이 생겼고, 실제로 2015년 초만 해도 연 2% 초중반 수준이었던 중도금대출 금리는

2017년 하반기 현재 연 3% 후반 수준으로 치솟았습니다.

분양권 당첨자가 계약을 완료한 이후 중도금대출 취급은행이 선정되지 않을 수 있다는 우려가 제기되기 시작했습니다. 부분보증으로 위험부담이 생겨난 만큼 비인기 사업장의 경우 중도금대출을 취급하겠다는 은행이 예년보다 줄어들 가능성을 배제할 수 없는 것은 사실입니다. 따라서 청약에 앞서 중도금대출 취급은행이 선정됐는지, 선정될 가능성이 높은지를 일대 시중은행 지점이나 분양사무소 등에서 면밀하게 확인할 필요가 있습니다.

[11·3 부동산 대책]
투기수요 억제를 위한 분양권 전매·재당첨 제한 강화

막대한 시중 자금은 좀처럼 부동산에 쉴 틈을 주지 않았습니다. 원금은 나눠갚으면 그만이었고 이조차 여의치 않으면 전세 낀 주택을 구입하는 '갭Gap투자'라는 기술이 보편화된 지 오래였습니다. 금융위원회와 금융감독원이 주도한 각종 금융규제는 대출 증가세를 꺾는 데 역부족이라는 사실이 입증되면서 규제의 패러다임이 금융규제에서 부동산규제로 전환되기 시작했습니다. 그 신호탄은 2016년 11월 3일 나온 '실수요 중심의 시장형성을 통한 주택시장의 안정적 관리방안', 이른바 11·3 대책입니다.

서울특별시의 25개구와 경기도 과천시를 포함한 전국 37개 지역이 이른바 '청약조정대상지역'으로 지정되고 분양권을 사고파는(전매) 행위를 금지하는 기간을 늘렸습니다. 신문에서 '전매제한 강화'라고 표현한 그 얘기입니다.

11·3 대책의 핵심은 서울특별시 강남4구(강남구, 서초구, 송파구, 강동구) 등 과열 우려 지역을 중심으로 한 맞춤형 전매·재당첨 규제 강화입니다. 11·3 대책 이전에는 계약일(복수의 계약일 중 최초 계약일)부터 6개월이 지나면 분양권을 되팔 수 있었습니다. 이 과정에서 '프리미엄'이라는 웃돈이 붙어 분양권 가격이 급등하는 경우가 많았습니다. 미온적인 전매제한이 투기의 온상이었다는 비판이 나왔던 이유입니다.

11·3 대책으로 2016년 11월 3일 이후 입주자모집공고가 뜬 서울 강남4구와 경기도 과천시 소재 아파트의 분양권 당첨자는 통상 입주시점 이후인 소유권이전등기(계약일부터 약 2년 6개월가량 소요)가 완료될 때까지 분양권을 되팔 수 없게 됐습니다.

강남 4구를 제외한 서울특별시의 다른 지역과 경기도 성남시는 계약일 이후 1년 6개월 동안 전매가 제한됐습니다. 신규 분양아파트 청약과 전매에 대한 강력한 규제방안을 담고 있지만 실제 거주할 목적으로 분양권 청약에 나서는 이들이 걱정할 이유는 없습니다.

무분별한 청약을 막기 위해 부부 중 세대주가 아닌 배우자, 5년 안에 다른 주택에 당첨된 전력이 있는 사람이나 2주택 이상 보유자와 같은 세대에 속한 가족은 당첨 확률이 높은 1순위 청약자에서 제외됐습니다. 청약통장이 없어도 가능했던 2순위 청약 역시 청약통장 보유자로 제한됐습니다.

웃돈을 벌 목적으로 청약경쟁에 뛰어드는 이들이 줄어들면서 실수요자 입장에서는 오히려 기회의 문이 넓어졌습니다.

[11·24 가계부채 대책]

잔금대출 분할상환 의무화와 DSR 도입

7·22 가계부채 대책의 원금 분할상환 의무화 대상에서 신규 분양아파트는 제외된 바 있는데 11·24 대책으로 신규 분양아파트 입주시점에 받는 잔금대출 역시 분할상환이 의무화됐습니다. 2017년 1월 1일 이후 신문에 입주자모집공고가 뜬 아파트 청약 당첨자부터 적용됩니다. 즉 2016년 12월 31일 이전 입주자모집공고가 뜬 아파트 당첨자가 2019년 1월 입주하면서 잔금대출을 받을 때는 원칙적 의무화 대상이 아니라는 얘기입니다. 다만 은행들이 자체적으로 거치식 대출 상품을 선보이지 않을 수는 있습니다. 분할상환 기간을 최장 35년까지 늘려 잡아 매월 원리금상환 부담을 줄이는 방법에 대해서는 앞서 설명한바 있습니다.

11·24 대책에서 무주택자인 실수요자들이 주목해야 할 대목은 DSR(총부채원리금상환비율) 도입인데 확실한 점은 아무런 대출이 없는 상태에서 처음으로 주택담보대출을 받는 이들에게는 아무런 영향을 끼치지 않는다는 점입니다.

신규 주택담보대출은 원금과 이자를 모두 계산하되 기존 대출 (신용대출 등)은 이자만 계산하는 DTI와 달리 DSR(총부채원리금상환비율)은 기존 대출의 원금까지 계산해 상환능력을 심사합니다. 따라서 '기존 대출'이 없는 사람은 DTI와 DSR이 똑같습니다. 아울러 DSR은 참고지표일 뿐 대출한도를 인위적으로 설정하는 강제지표가 아닙니다.

[6·19 부동산 대책]
서울, 과천 LTV 70%→60%

2017년 5월 9일 문재인 대통령이 취임하고 다음달 1일 문 대통령이 "가계부채 관리방안을 8월까지 마련하라"고 지시했지만 가계부채 종합관리방안이라는 거룩한 질적 관리를 생각할 틈이 없을 정도로 집값이 천정부지로 치솟기 시작했습니다. 가계부채 대책이 나오기도 전에 6·19, 8·2 대책이라는 부동산규제가 연거푸 나온 배경입니다.

6·19 대책은 11·3 대책 때 분류한 청약조정대상지역을 경기 광명 등을 포함한 전국 40곳으로 확대하고 해당 지역에 대해 예외 없이 분양권 전매를 금지했습니다. 초이노믹스 이후 변동 없던 LTV와 DTI를 처음으로 강화(각각 60%, 50%)했습니다.

분양아파트 잔금대출의 경우 2016년 11월 24일 대책으로 원금 분할상환이 의무화(2017년 1월 1일 이후 입주자모집공고분 아파트)된 데 이어 DTI 적용도 의무화됐습니다.

분양아파트 잔금대출에 대한 DTI 심사가 의무화되면서 벌어들인 돈으로 잔금대출을 갚을 수 없는 이들의 무분별한 청약이 줄어들고, 갚을 수 있는 실수요자들을 중심으로 청약시장이 조금이라도 안정될 것으로 기대합니다.

[8·2 부동산 대책]

서울 LTV 40%로…
6억 원 이하 주택 구입하는 연봉 8,000만 원 이하는 50%

하지만 여전한 저금리, 치솟는 집값에 초강력 대책, 즉 8·2 부동산 대책이 나왔습니다. '실수요 보호와 단기 투기수요 억제를 통한 주택시장 안정화 방안'이라는 표제를 단 8·2 대책은 서울과 과천, 세종을 투기과열지구로 분류하고 LTV와 DTI를 각각 40%까지 강화했습니다. 주택대출이 한 건이라도 있는 유주택자로서 기존 주택을 처분할 생각이 없는 이들에게는 이 비율을 30%까지 강화했습니다.

강남4구뿐 아니라 마포·용산·성동·강서·영등포구 등 서울 11개 구는 투기지역으로도 분류돼 같은 투기지역 기준 세대당 주택담보대출이 1건으로 제한됐습니다. 이 주택담보대출을 유지하겠다고 하면 또다른 주택담보대출이 원천 봉쇄됩니다. 다만 기존 주택을 팔고 새로운 주택으로 옮겨갈 경우 그렇지 않습니다. 주택담보대출을 받을 수 있을 뿐 아니라 LTV 규제비율 역시 40%를 적용받을 수 있습니다.

2년 동안 전세를 끼고 갖고 있다가 팔면 안 내도 됐던 양도소득세를 2017년 8월 3일 이후 취득한 주택부터는 2년 동안 실제 거주를 하지 않으면 1가구 1주택이라도 양도세를 내게끔 했습니다.

투기지역, 투기과열지구를 포함한 청약조정대상지역 전역에서 중도금보증은 세대당 1건으로 제한됐습니다. 대출 없이는 분양아파트 청약·당첨·입주 일정을 두 개 이상 진행할 수 없다는 뜻입니다.

8·2 대책은 실수요자나 투자자는 물론이고 은행 직원, 심지어는 규제당국자들조차 내용에 익숙해지기까지 상당한 시일이 소요된 고난도 규제였습니다.

8·2 대책 이후 최초 입주자모집공고 분양아파트이자 투기지역(서울 마포구) 소재 아파트인 '공덕SK리더스뷰'를 예로 들어 8·2 대책을 포함한 각종 규제를 질의·응답 형태로 설명해보겠습니다. 〈매일경제신문〉 2017년 8월 18일자 기사 내용을 알기 쉽게 재정리해보았습니다.

Q: 무주택자로서 9억 원 이하 평형 당첨자입니다. 전세를 주고 입주하지 않다가 2년 뒤에 팔면 양도세 비과세인가요.

A: 거주요건 미충족으로 양도세 과세대상입니다. 당장 입주하지 않고 전세를 주더라도 2년 뒤나 4년 뒤에 입주한 후 2년 이상의 거주요건을 충족하면 양도소득세 비과세 대상이 됩니다. 다만 이처럼 거주요건(2년)을 채우더라도 시세가 올라 매도 시점 매도가가 9억 원을 초과하면 초과분에 대해서는 일정한 산식을 적용해 양도소득세를 내야 합니다. 매도 시점 시세가 9억 원을 초과하더라도 거주요건을 충족하는 게 그렇지 않은 경우보다 훨씬 유리합니다. 거주요건을 충족할 경우 9억 원 초과분에 대해서만 양도소득세가 부과되는 반면, 그렇지 않을 경우 양도소득금액 전체에 대해 세금이 매겨지기 때문입니다.

Q: 중도금대출이나 잔금대출 때 원금을 나눠갚아야 하나요.

A: 중도금대출은 각종 규제와 무관하게, 원래 이자만 내는 대출입니다. 원금 분할상환 의무화를 규정한 여신심사선진화가이드라인과 무관한 대출입니다. 이 아파트는 이자후불제라 그조차도 입주 때 한꺼번에 내면 됩니다. 잔금대출은 2016년 11월 24일 대책(8·25 대책 후속조치)에 따라 원금을 나눠 갚아야 하는데 1년까지는 거치가 허용됩니다. 다만 은행 대부분 1년 거치자에게는 가산금리를 적용할 가능성이 높으니 유의해야 합니다.

Q : 전용면적 84㎡ 중 B타입(16층 이상 기준) 원분양가가 8억 90만 원입니다. 분양가의 40%인 3억 2,036만 원까지 대출을 받을 수 있나요.

A : 해당 아파트는 투기지역(마포구) 소재 아파트입니다. 따라서 마포구든 강남구든 투기지역의 또 다른 주택에 담보대출이 있다면 투기지역 내 세대 당 담보대출을 1건으로 제한한 8·2 대책에 따라 중도금대출과 잔금대출 모두 불가능합니다. 투기지역이 아닌 다른 지역, 예컨대 경기도 고양시 소재 주택에 담보대출이 있으면 LTV가 30%로 10%포인트 강화돼 대출한 도가 2억 4,027만 원으로 줄어듭니다. 1주택자나 2주택 이상의 다주택자라고 하더라도 담보대출이 없다면 LTV 40%를 적용받아 3억 2,036만 원의 중도금대출을 받을 수 있습니다. 이는 어디까지나 소득심사지표인 DTI 규제비율(40%)을 충족하는 범위에서 그렇습니다.

Q : 연봉이 4,000만 원입니다. 분양가 8억 90만 원 기준 3억 2,036 만 원 대출이 가능한가요.

A : 중도금대출은 그 금액까지 가능하고, 잔금대출은 한도가 줄어듭니다. 6·19 대책에 따라 2017년 6월 19일 이후 입주자모집공고 분양아파트 집단대출에 DTI 심사가 의무화됐는데 중도금대출은 적용되지 않는 반면 잔금대출은 적용되기 때문입니다. 잔금대출 기준 만기 30년, 연 이율 3.5%를 가정했을 때

3억 2,036만 원의 잔금대출을 받으려면 연봉이 4,315만 6,770만 원 이상이어야 합니다. 입주 시점 기준 연봉이 이 금액 이하라면 대출한도가 다소 줄어듭니다. 은행에 따라 만기 35년 잔금대출 상품을 내놓는 은행이 있을 수 있는데 이 경우 만기가 늘어나기 때문에 연간 원리금상환액이 줄어들어 대출한도가 늘어날 수 있습니다.

Q: 전용면적 115㎡(102동 1호라인)에 청약했는데 입주자모집공고분을 보면 중도금비중이 원분양가의 60%이고 잔금 비중이 30%인 다른 면적과 달리 중도금 비중이 10%고 잔금 비중이 80%입니다. 왜 그런가요.

A: 2016년 6월 28일 발표된 '2016년 하반기 경제정책방향'에 따라 같은 해 7월부터 9억 원 초과 아파트에 대한 주택도시보증공사의 중도금보증이 중단됐기 때문입니다.

해당 면적 주택형(115타입) 분양가는 9억 6,000만 원대에서 10억 1,000만 원대라 9억 원을 초과합니다. 은행이 보증기관 보증 없이 중도금대출을 해주기는 어렵고, 건설사가 보증하면 가능한데 건설사 보증 역시 어렵기 때문에 이 아파트의 경우 아예 중도금 비중 자체를 축소한 것입니다.

Q : 중도금금액(분양가 60%)과 중도금대출한도(분양가 40%)의 차
액은 어떻게 납부하나요.

A : 종잣돈이나 신용대출로 알아서 내야 합니다. 중도금대출은
분양가의 10%씩 6회차에 걸쳐 납부하는데 이 아파트는 5~6
회차분을 이처럼 알아서 내게끔 규정해놨습니다. 종잣돈이나
신용대출로 중도금 5~6회차분을 조달할 수 없다면 기존 전
셋집 계약을 해지하거나 보유아파트를 매각, 전세 임대를 줘
여윳돈을 조달해 중도금을 마련하는 방법도 가능합니다. 2년
이내의 기간에 이사를 두 번 해야 하는 부담이 있지만 마음에
드는 아파트 입주를 포기하는 것보다는 고려해볼 만한 방법
입니다. 1년 남짓 기간 동안 보증금 비중이 낮은 반월세 집으
로 이사하면 됩니다.

Q : 입주 시점에 분양가의 40%까지 잔금대출을 받을 수 있는 것
인가요.

A : 정확히는 분양가나 입주 시점 KB국민은행 시세(일반평균가 기
준)의 40%까지 받을 수 있습니다. 입주시점 시세가 원분양가
보다 떨어질 경우 시세의 40%, 즉 원분양가 40%보다 더 작은
한도가 나올 수 있습니다. 반면 입주 시점 시세가 원분양가보
다 높아질 경우 높아진 시세의 40%까지 잔금대출을 받을 수
있습니다.

8·2 대책 이후 첫 분양아파트 '공덕SK리더스뷰'에 각종 규제 적용해보니

규제 항목	적용 대책	적용 결과
분양가 9억 원 초과 중도금 보증 중단	2016년 하반기 경제정책방향	115타입(분양가 9억 6,000만 원~10억 1,000만 원) 중도금비중 축소(60%→10%)
분양아파트 잔금대출 분할상환 의무화	2016년 11월 24일 대책(8·25 가계부채 관리방안 후속조치)	잔금대출 원금 분할상환 의무화 (거치기간 1년 이내 허용)
LTV·DTI 강화(각각 40%)	2017년 8·2 부동산 대책	84B 타입 16층 이상(분양가 8억 90만 원) 대출한도 3억 2,036만 원으로 제한(DTI 충족 전제)
1주택 비과세 요건에 거주요건 추가	2017년 8·2 부동산 대책	2년 이상 미거주 및 매도시 1주택도 양도소득세 부과
청약조정지역 전매제한 강화 분양권 전매 시 양도소득세 강화	2017년 8·2 부동산 대책	소유권이전등기시까지 전매불가 (전매불가로 양도소득세 강화 발생 안함)
중도금대출보증 건수 제한 (투기지역 기준 가구당 1건)	2017년 8·2 부동산 대책	본인이나 배우자 중 중도금대출 있으면 중도금대출 불가

다주택자 DTI 심사 강화

10·24 가계부채 대책은 상환능력이 부족한데도 복수의 주택담보 대출을 보유하려는 다주택자나 다주택 예정자에 대한 대출 억제책 등 가계부채 리스크 관리 방안을 담고 있습니다. 무주택자나 1주택 자 등 실수요자에게는 영향이 없습니다. 오히려 한국은행의 금리 인상에도 은행의 실제 금리 인상을 최소화하는 방안과 향후 연체 자에 대한 맞춤형 관리 방안 등 보호장치를 마련한 대책입니다.

핵심은 이른바 '신新 DTI' 도입입니다. 주택구입자들이 갚을 수 있 는 범위에서 돈을 빌릴 수 있도록 소득심사지표인 DTI를 기존보다 합리화한 것입니다. 이는 무분별한 '빚 내서 집 사기'에 대한 제동장 치를 마련한 것일 뿐 실수요자에게는 악영향이 없습니다. 오히려 젊 은 층의 소득을 '미래예상소득을 감안한 생애주기 전반 소득'으로 환산하는 방식이 도입되면서 다소 숨통이 트이게 됐습니다.

신 DTI의 골자는 다주택자에 대한 DTI 심사 강화입니다. 먼저 1 개 이상의 주택을 보유하고 해당 주택에 주택담보대출이 있는 유주 택자가 또 다른 주택을 구입하기 위해 주택담보대출을 받을 경우 DTI 비율이 높아지게 됐습니다. 2018년 1월부터 시행합니다. 이제 껏 신규 주택담보대출을 받기 위한 DTI 계산식에는 기존 주택담보 대출을 포함한 모든 기존 대출의 이자만 반영했습니다. 원금은 오로 지 새로운 주택담보대출의 원금만 반영됐습니다. 하지만 이번 대책으로 기존 주택담보대출의 원금과 이자를 모두 DTI에 반영합니다.

　또한 1건의 주택담보대출을 보유한 상태에서 또 다른 주택담보대출을 받을 경우 두 번째 주택담보대출은 만기를 15년 이내로 줄여 DTI를 계산합니다. 실제로는 만기 30년의 장기분할상환 방식으로 주택담보대출을 받더라도 DTI 계산을 위한 연간 원리금상환액은 15년 만기 기준으로 계산한다는 얘기입니다. 이로써 DTI 비율이 높게 나오고 소득이 충분하지 않은 사람들은 대출한도가 줄어들게 됩니다. 그 결과 DTI 심사를 통과한다면 실제로는 35년이나 30년 만기인 장기 주택담보대출을 받을 수 있습니다.

　무주택자나 1주택자에게는 영향이 없습니다. 1주택자로서 또 다른 주택으로 갈아타기 위해 새로운 주택담보대출을 받을 경우 기존 주택담보대출을 상환하게 되고 1개의 주택담보대출만 받는 것으로 인정됩니다. 따라서 기존 주택담보대출의 원금까지 DTI에 반영하거나 두 번째 주택담보대출의 DTI 계산용 만기를 인위적으로 줄이는 신 DTI 도입 내용이 적용되지 않습니다.

　2017년 11월 26일에는 10·24 가계부채 대책의 세부 지침이 발표됐습니다. 분양권이나 입주권을 갖고 있어 중도금대출이나 이주비대출을 받고 있는 유주택자가 또 다른 주택을 구입할 때 계산하는 DTI에 기존 중도금·이주비 대출 원리금이 25년 분할상환을 가정해 계산됩니다. 하지만 만 40세 이하 청년층과 결혼한 지 5년이 안 된 신혼부부들은 직전 연도 소득 기준이 아니라 향후 늘어날 소득흐름을 감안해 기존보다 더 많은 대출을 받을 수 있게 됐습니다.

시장 vs. 정책,
정부 규제에도 집값은 더 오를까?

이 책의 저자인 정석우 기자가 처음으로 내 집 마련을 고민하던 2014년, 35세 직장인인 그에게는 딱 5,000만 원이 있었습니다. 이후 정 기자는 세 차례 아파트를 취득하고 두 차례 아파트를 팔았습니다.

대학 선배이자 해군 학사장교 선배, 매경미디어그룹 선배로서 제가 상담해주고 지켜봐온 그 과정은 투자가 아니라 생활, 아니 생존의 과정이었습니다. 때론 보기에 안타까울 정도로 시행착오가 적지 않았지만 한편으로는 흐뭇한 기대감도 들었습니다.

대출 규제와 세제 이슈로 이어지는 생활인으로서 시행착오를 반복한 그 기간, 정 기자는 기획재정부와 금융위원회, 금융감독원, 국책은행, 시중은행을 담당하며 규제완화의 대명사인 이른바 '초이노믹스', 여신심사선진화가이드라인 도입, 11·3 대책, 6·19 대책, 8·2 대책 등 굵직한 대책 변화를 기자로서 취재·보도했기 때문입니다.

대출에 대한 '필요한 두려움'과 '불필요한 두려움'을 발라내야 한다는 정 기자의 지론은 일관됐습니다. 부도와 개인회생워크아웃, 실제 회생으로 이어지는 가정사를 겪은 그이기에 가능했던 일입니다.

요란한 규제가 반복되는 혼란의 시기, 정책 감시자와 실제 수요자로서의 경험치를 두루 보유한 정 기자가 '실수요자를 위한 내 집 마련 가이드북'을 출간한다고 했을 때 남다른 감회가 들지 않을 수 없었습니다. 대출규제를 중심으로 각종 세제 이슈를 가미한 가이드북에 부동산 시장 일반론 관점에서 일종의 보론補論을 써달라는 정 기자의 요청을 외면할 수 없었던 이유입니다.

정 기자의 도움으로 자금 마련 고민은 어느 정도 해결됐을 터이니, 이번에는 혼란스러운 부동산 시장이 어떻게 흘러갈지 한번 고민해 볼까요?

2017년 여름휴가철의 한가운데였던 8월 2일. 문재인 정부 출범 이후 서울 아파트 값이 예상과 달리 급등하자 정부는 여름휴가를 떠났던 김현미 국토교통부 장관까지 복귀시키며 두 번째 부동산 대책을 발표했습니다. 투기지역·투기과열지구 동시 부활, 다주택자 양도소득세 중과, 1세대 1주택 양도세 비과세 '2년 거주' 추가, 청약제도 개편 등 이전 정부에서 하나씩 풀었던 부동산 규제를 단번에 원상회복시킨 초고강도 대책이었습니다. 노무현 정부 시절 집 가진 사람들을 덜덜 떨게 했던 8·31 대책을 12년 만에 다시 보는 느낌이었습니다. 지금까지 나온 종합선물세트 중에도 이번처럼 강한 선물세트는 없었습니다.

시장은 깜짝 놀랐습니다. 처음 6·19 대책이 나왔을 때만 해도 "쫄 았는데 별 것 아니네"라며 안심했는데, 예상치도 않던 센 놈이 나왔으니 말입니다. 재건축·재개발 조합원들은 한순간에 집을 못 팔게 됐고, '집을 팔 때까지 대책을 내놓겠다'는 김현미 장관의 말 한마디에 다주택자들은 벌벌 떨었습니다. 급등하던 강남 재건축 시장은 한여름에 꽁꽁 얼어붙어 거래가 올스톱 됐고, 대책이 발표되기 직전 집을 산 사람들은 꼭지에 집을 샀다며 눈물을 흘렸습니다.

그런데 여름휴가와 역대 최장 10일의 '황금' 추석연휴가 끝난 부동산 시장은 8·2 대책의 충격을 잊어버린 듯한 모습입니다. 고작 몇 동이 50층으로 재건축될 뿐인데 서울 잠실주공 5단지는 '초대형 호재가 터졌다'며 가격이 다시 오르고, 이 흐름은 강남 재건축 아파트 전반으로 퍼져 갑니다. 분양 시장도 1순위자가 반으로 줄어드는 등 규제가 강화됐지만, 여전히 인기 단지는 수십대 1의 청약 경쟁률을 기록하며 고공행진을 계속하고 있습니다. 8·2 대책 이후 하락세로 돌아섰던 서울 등 인기 지역 부동산 시장이 두 달도 안 돼 상승세로 돌아선 것이죠.

시장과 정책의 대결에서 극초반에는 정책이 승기를 잡았지만, 어느새 시장이 점차 우위로 돌아서는 모습입니다. 집값이 들썩이면 더 센 대책을 내놓겠다고 정부가 공언했음에도, 부동산 시장이 다시 움직이는 이유는 뭘까요?

핵심은 "집 팔아 생기는 돈으로 뭘할래?"에 대한 답이 없다는 것입니다.

정부가 집을 팔라며 압박하는 타깃은 바로 다주택자입니다. 갭투자로 여러 채를 보유한 젊은층도 있지만, 은퇴를 앞둔 50~60대가 압도적으로 많습니다. 그런데 이들은 대부분 주택을 시세차익의 목적보다는 임대수익의 목적으로 갖고 있습니다. 노후에 월세 받아 살겠다는 것이죠.

이들이 집을 팔게 되면, 그만큼 집이 아닌 다른 자산에서 매월 고정수입이 들어와야 합니다. 하지만 예금 이자는 최근 조금 올랐다고 해도 여전히 쥐꼬리죠? 주식은 왠지 어렵습니다. 한마디로 할 게 없습니다. 이 때문에 정부가 아무리 집을 팔라고 압박해도 다주택자들은 집을 팔 수가 없습니다.

정부의 의도와 달리 다주택자 매물이 시장에 나오지 않으면 집값은 당연히 올라갈 수밖에 없겠죠? 이것이 바로 현재의 부동산 시장 상황입니다. 정부가 아무리 규제의 칼날을 겨눠도, 한동안은 뜨거울 수밖에 없는 이유입니다.

다시 실수요자의 세계로 돌아와 볼까요?

당장 살고 있는 집의 전월세 기간이 만료되는데 마땅히 옮길 집은 없고, 집값은 더 오를 것 같습니다. 어떻게 해야 할까요? 집값이 당장은 조금 더 오를 것 같고, 정부가 무주택·실수요자는 집을 사는 데 문제가 없도록 여러 혜택을 주겠다는데 집을 사는 것을 굳이 마다할 이유는 없죠.

하지만 집값 상승이 영원할까요? 역시 그렇지 않습니다.

알게 모르게 부동산 시장을 둘러싼 여건은 바뀌어가고 있습니다. 미국의 기준금리는 꾸준히 오르며 한국의 기준금리를 위협하고 있고, 시중은행의 주택담보대출 금리도 이를 반영해 1년 전보다 연 1%포인트 가까이 오른 상태입니다. 미국은 앞으로도 금리를 더 올릴 태세이고, 이런 흐름이면 조만간 가장 늦게 움직이는 시중은행의 예금 이자도 다시 올라갈 것으로 보입니다.

이렇게 되면 매월 고정수입이 필요한 50~60대 은퇴생활자들이 굳이 부동산 임대수입만을 고집하진 않겠죠? 집값이 오른 것에 비해 월세가 '그다지 짭짤하지 않다'는 생각이 드는 상황에서, 은행 이자를 받아 생활하면 월세집 관리할 필요도 없고 세입자와 껄끄럽게 만날 필요도 없으니까요. 집을 파는 다주택자들이 정부의 '협박'과 무관하게 늘어날 수 있다는 겁니다.

따라서 아무리 실수요자라 해도 집을 살 능력이 전혀 안 되는데 전부 '빚 내서' 집 사는 건 추천하지 않습니다. 그러기엔 매월 부담하는 이자 때문에 현실의 삶이 너무 피폐해질 것이고, 집값이 언젠가는 변곡점을 넘어 약세로 돌아설 수 있기 때문입니다. 아무리 따져도 빚을 내야 할 금액을 감당할 수 없다면, 무주택자로 종자돈을 모으고 청약통장에 매월 꾸준히 돈 부으며 기다리는 것도 현명한 방법입니다.

세상에 영원한 승자는 없습니다. 장기적으로 시장과 정책은 서로 조화 아닌 조화를 이뤄가며 상승과 하락을 반복할 것입니다. 실수요자 대다수에게 왜 이 시점에 집을 사려고 하느냐고 물어보면, "집값이 더 오를까봐 두려워서"라고 답합니다. 하지만, 집은 재화

이고, 부동산 시장도 '시장'입니다. 기본적으로 수요-공급의 논리에 따라 움직이죠.

'부동산은 타이밍'이라는 명제는 투자자가 아니라 실수요자에게도 차별 없이 적용됩니다. 집값이 더 오를까봐 두려워서 집을 샀는데 만약 '꼭지'였다면, 그 사람은 영영 부동산 시장의 '비관론자'가 될 수밖에 없습니다.

따라서 이 책을 읽는 사람들은 단순히 '집값이 더 오를까봐' 전전긍긍해서 무분별하게 집을 살 게 아니라, 특정 지역의 '집값이 충분히 떨어졌는지' 역시 신중하게 판단하는 현명한 실수요자가 되기를 기대합니다.

김경기 MBN 기자

부동산 규제 시대 내 집 마련 가이드

35세, 1억으로 내 아파트갖기

초판 1쇄 2017년 11월 20일
초판 5쇄 2018년 5월 20일

지은이 정석우
펴낸이 전호림
책임편집 권병규
마케팅 박종욱 김혜원
영업 황기철

펴낸곳 매경출판㈜
등록 2003년 4월 24일(No. 2-3759)
주소 (04557) 서울시 중구 충무로 2 (필동1가) 매일경제 별관 2층 매경출판㈜
홈페이지 www.mkbook.co.kr
전화 02)2000-2640(기획편집) 02)2000-2645(마케팅) 02)2000-2606(구입 문의)
팩스 02)2000-2609 **이메일** publish@mk.co.kr
인쇄·제본 ㈜M-print 031)8071-0961
ISBN 979-11-5542-762-0(03320)